小白学财税系列

PERSONAL INCOME TAXATION

新个税轻松学

钟良　周孔德　阮益飞　王作君　著

机械工业出版社
CHINA MACHINE PRESS

大学刚毕业的主人公梁小明，初涉职场，对税务知识特别茫然，在安总的精心培养和自己的努力下，从税务"小白"开始一步步成长。他以一颗钻研之心，历经职场风风雨雨，终于羽化成蝶，成长为精通税务知识的精英。

他的工作经历，是大多数会计人成长的缩影。有过刚入职场的糗事、有过沉迷于税法而被同事调侃的趣事、有过经历稽查的惊心动魄、有过粗心大意被安总的警醒，有过快乐、有过悲伤、有过感动、有过迷茫。作为读者，我们可以从他的故事中轻松地学到新《个人所得税法》的政策内容，各类收入如工资、薪金、社保费等应纳税额的计算方法、个人所得税的申报、筹划技巧等，涉及新个人所得税知识、计算、操作和政策法规层面的相关知识，帮助我们轻而易举地应对个人所得税认识和操作层面的难题。

让我们一起跟着主人公去经历他的酸甜苦辣，相信在"润物无声"的阅读中，定能快速掌握个人所得税的基本知识点和筹划技巧，成为个人所得税方面的行家里手。

图书在版编目（CIP）数据

新个税轻松学/钟良等著. —北京：机械工业出版社，2019.6
ISBN 978-7-111-62843-9

Ⅰ.①新… Ⅱ.①钟… Ⅲ.①个人所得税-税收管理-中国 Ⅳ.①F812.424

中国版本图书馆CIP数据核字（2019）第097682号

机械工业出版社（北京市百万庄大街22号 邮政编码100037）
策划编辑：曹雅君　　责任编辑：蔡欣欣　　封面设计：马书遥
责任校对：李　伟　　责任印制：张　博
北京市雅迪彩色印刷有限公司印刷
2019年7月第1版第1次印刷
170mm×240mm·17印张·221千字
标准书号：ISBN 978-7-111-62843-9
定价：58.00元

电话服务　　　　　　　　　　　　网络服务
客服电话：010-88361066　　　　　机 工 官 网：www.cmpbook.com
　　　　　010-88379833　　　　　机 工 官 博：weibo.com/cmp1952
　　　　　010-68326294　　　　　金 书 网：www.golden-book.com
封底无防伪标均为盗版　　　　　　机工教育服务网：www.cmpedu.com

前言
Preface

在日常的工作中,我经常接到不同年龄段朋友有关税法知识的询问,有趣的是各年龄段的人询问的方式与询问的层次都有不同。对于询问,我基本上都可以当场回复,并准确告诉其相关规定的文件号。他们对答案和结果很感兴趣,竖起耳朵仔细倾听,而对我随后告诉的文件号,只是礼节性地回复"好的,谢谢!",我心里知道,他们对这个文件兴趣不大。

我很奇怪他们为什么不好好看看文件思考一下。

直到最近发生的一件事,让我改变了这个想法。有一位朋友咨询我关于差旅费补贴是否缴纳个人所得税的问题,我随口讲了一个故事,将税法背后的原理和逻辑全部融入故事里,结果对方听得如痴如醉,并迅速掌握了其中的要点。我大惊,难道是我的表达能力突然提高了吗?

然而事后他告诉我,是我的故事情节吸引了他,而他听完故事,就知道实际中该如何操作了,且印象特别深刻。我就随口说了句,这些在某某号文件里都有啊!而他却笑着答道:"没兴趣,里面没有一点情节,而且税法浩如烟海,查询着实不易,更迭之快自不待提了。"

噢,原来是他们没有阅读条文的兴趣,没有了兴趣,就算是最好的教材也没用。转而想想也是,我手中有一本18个税种的文件汇集,足足220万字,如果不是为了工作需要,我也没有毅力将其好好读完,实在是很枯燥。想想我们也是从税收"小白"一步步走到今天,其中的苦涩只有自知。

从现在市面上的图书销售情况也可得知,一边是小说市场特别是网络小说如火如荼，一边是专业书籍少人问津。我们从不缺少爱读书的读者，我们缺的是一本与读者用心交流的税法读本，我们的读者无须为一个字眼争得面红耳赤，那是学究们做的事。他们只要知道如何做就可以。

"有没有一本有情节的税法书籍，让读者们像读小说那样去学税法？"这个想法大胆出现在我们的脑海里。税法来源于实际，那么税法也应该回到实际生活中去。

恰逢 2019 年是新《个人所得税法》（本书将 2018 年 8 月 31 日颁布的《中华人民共和国个人所得税法》称为新《个人所得税法》）实施的第一年，个人所得税作为国内目前三大主力税种之一，也是和普通大众接触最多和影响最大的一个税种。个人所得税税收收入早在 2016 年就突破了万亿元大关，在税收收入中仅次于增值税和企业所得税。那么写一本有关个人所得税的读本就提上我们的日程。

本书的主人公梁小明是一位刚刚从重点大学毕业的职场新手，我们通过他在工作中遇到的一件件事情，将税法知识点融入故事之中。本书是一本力求做到有情节的税法书，让读者跟随主人公，跟随书中的情节，以"润物细无声"的方式，轻松掌握税法，掌握个人所得税中一些基本的要点。

调皮且好学的梁小明，老成持重又十分敬业的老安，话痨老蔡，这一个个鲜明的形象，相信读者都能在书中找到自己的影子。

书中的每个故事都以独立的形式存在，前后又以主人公的成长为引线，形散意不散，读者可以从头到尾地通读，也可以挑感兴趣的情节读。

对于本书，我们不求老少皆宜，只是想服务有志于了解税法的读者，以更加生动的方式让他们在阅读中获益。对于财税专家，本书可能不是你的首选，但如果你对书中的情节感兴趣，书中的老安想必会引起你的共鸣。

我们力求本书不像别的专业书籍那样干巴巴，但不代表我们不讲究专业知识，税法是极讲究逻辑性和准确性的，在执行"大陆法系"的国家更是如此，书中讲到的税法都有准确的文件支撑。

如果将专业书籍比喻成一位西装笔挺的职场精英，那么不妨将带故事的税法书比喻成一位身着运动衫、运动鞋，戴耳麦的时尚达人。二者没有谁高谁低，没有谁对谁错，只是各取所需，爱好不同而已。

我们力求做到平易近人，不让读者有味同嚼蜡的感觉，但限于作者水平，书中肯定有让人不满意的地方，请读者谅解。如果阅读本书使你有所收获，将是我们最大的快乐！

让我们一起努力，让税法鲜活起来！

钟良　周孔德　阮益飞　王作君

2019 年 3 月 24 日

目 录

前言

01 第一章
遥远的个人所得税
走到了身边 / 001

02 第二章
初识个人所得税 / 006

    第一节　好客的老蔡 / 006
    第二节　我成了安总的小跟班 / 011

03 第三章
个人所得税的喜与忧 / 016

    第一节　中秋节的礼物 / 016
    第二节　购物券的烦恼 / 021
    第三节　3 500 与 5 000 较上了劲 / 024
    第四节　社保费里的小秘密 / 029
    第五节　铁杆彩民老李 / 033
    第六节　热心的老蔡 / 037

第四章
个人所得税的大时代——新《个人所得税法》学习会纪实 / 045

第一节　居民？居委会民众？ / 046
第二节　原来个人税目这么多 / 051
第三节　小变动，大优惠 / 054
第四节　六项扣除规定多 / 057
第五节　行政部碰到新难题了 / 077
第六节　利剑与天网 / 097

第五章
税路漫漫真如铁 / 104

第一节　全部的收入都纳税？你错了！ / 104
第二节　最忙的一天 / 111
第三节　工资不够花 / 116
第四节　第一块"小豆腐" / 118
第五节　阳哥的税事 / 122
第六节　"大红包"里故事多 / 125
第七节　第一次汇缴 / 131

目 录

06 第六章 喜忧参半 / 139

第一节 挣"年薪"喽 / 139
第二节 我要买房了 / 142
第三节 光荣地加入"房奴"大军 / 145
第四节 工资外的小收入 / 146
第五节 第一次出手 / 152
第六节 李总账的烦恼 / 159

07 第七章 我的稽查历险记 / 165

第一节 我出了洋相 / 165
第二节 我要听证 / 169
第三节 百感交集 / 172

08 第八章 有了点小名头 / 175

第一节 是是非非话借款 / 175
第二节 兜头的一盆冷水 / 184
第三节 表弟找我了 / 190

09 第九章
人生的选择 / 194

第一节 难忘的一天 / 194
第二节 买了卖，我成了"炒房团"的一员 / 197

10 第十章
我在南京的岁月 / 198

第一节 律所的个人所得税收入需分清 / 198
第二节 老朋友来了 / 203
第三节 筑巢引凤，个人所得税怎么缴？/ 206

附录 / 210

附录 A 中华人民共和国个人所得税法 / 210
附录 B 中华人民共和国个人所得税法实施条例 / 218
附录 C 个人所得税专项附加扣除暂行办法 / 228
附录 D 国家税务总局关于自然人纳税人识别号有关事项的公告 / 234
附录 E 国家税务总局关于全面实施新个人所得税法若干征管衔接问题的公告 / 236
附录 F 个人所得税扣缴申报管理办法（试行）/ 239
附录 G 个人所得税专项附加扣除操作办法（试行）/ 244
附录 H 国家税务总局关于个人所得税自行纳税申报有关问题的公告 / 251
附录 I 财政部 税务总局关于个人所得税法修改后有关优惠政策衔接问题的通知 / 256

第一章 Chapter One
遥远的个人所得税走到了身边

我叫梁小明，是上海财经大学会计学专业的一名应届毕业生，刚刚被一家北京的大型企业友好集团录取到集团总部财务部当一名会计。接到通知的时候，我可高兴了，你想想，一上班就能进市值上百亿元、拥有十几家子公司的集团公司总部，这是让人多么开心的一件事情。对于其他刚毕业的同学来说，我的起点算是很高的，从会计到财务，再到财务经理、财务总监，想想我这个梦想，将来说不定真能实现呢。

报到那天，集团公司财务总监赵总却给我的梦想兜头浇了一盆冷水。他竟然让我重点负责税收政策法规的收集，据说将来集团公司总部员工涉及个人所得税都要实行汇算清缴，这个也由我负责，说白了，就是让我当一名税务会计。

啊，天哪，我在上学的时候，就不愿意学税法，我觉得税法变化太多，不像会计准则，变化得没有那么快。我在大学里的税法课，都是勉强考过的，就像篮球比赛里的"压哨三分球"，相当惊险。可现在哪壶不开提哪壶，领导偏偏安排我去当税务会计，这不是"要我的命"吗？刚刚到这么好的一个单位，我也不能跟主管领导说，我干不了这个，您还是给我换一个活儿干干吧。还是老老实实先接过来吧。

"当然，你不是孤军奋战，等下我给你介绍一下你的上司。他可是业内顶尖的专家。"赵总好像看出了我的犹豫。

不一会儿,赵总的办公室进来一个中年男人,身材中等偏瘦,戴着金丝边眼镜,看上去一副文质彬彬的样子,有学者风范。

"安总,你要的助手今天来报到了,满意吗?上海财经大学应届生,姓梁,叫小明。"

那位中年人打量了我一眼。

"嗯,小伙子长得一表人才,又是国内财经名校毕业的,可以,明天就来财务部上班吧。"

晚上回到家,我还是有点紧张,毕竟自己在大学学的税法课都是擦

第一章

着及格线通过的,到现在早就把大部分税法知识还给老师了,如果让安总看出我的弱项来,那多不好啊,不行,我要补补,起码要知道自己的工资如何计算吧。于是我对着电脑就找上资料了,还是先从个人所得税看起吧。

【概念】

1. 什么是个人所得税

个人所得税是对个人(自然人)取得的各项应税所得所征收的一种所得税。

2. 个人所得税的计算

综合所得应纳税额的计算

应纳税额 = 应纳税所得额 × 适用税率 − 速算扣除数

= (每月收入额 − 5 000 元) × 适用税率 − 速算扣除数

个人所得税税率表如表 1 − 1 所示。

表 1 − 1

级数	全年应纳税所得额[①]	税率(%)
1	不超过 36 000 元的	3
2	超过 36 000 元至 144 000 元的部分	10
3	超过 144 000 元至 300 000 元的部分	20
4	超过 300 000 元至 420 000 元的部分	25
5	超过 420 000 元至 660 000 元的部分	30
6	超过 66 0000 元至 960 000 元的部分	35
7	超过 960 000 元的部分	45

注 1:本表所称全年应纳税所得额是指依照《中华人民共和国个人所得税法》(以下简称《个人所得税法》)第六条的规定,居民个人取得综合所得以每一纳税年度收入额减除费用六万元以及专项扣除、专项附加扣除和依法确定的其他扣除后的余额。

举个例子，2018年9月，本人刚刚从上海财经大学会计学专业毕业。目前，应聘到友好集团总部财务部做税务会计。当年10月取得工资、薪金含税所得7 000元，计算本人当月应预先缴纳的个人所得税。

应纳税所得额 = 7 000 − 5 000 = 2 000（元）

应纳税额 = 2 000 × 3% = 60（元）

式中隐含了一个扣除标准，5 000元/月，即为个人所得税的免征额。在计算个人所得税时，关键在于确定应纳税所得额为多少；这个数额一旦确定，只要根据表1−1便能计算出个人所得税。"应纳税所得额"的计算公式为

应纳税所得额 = 扣除"三险一金"后的月收入 − 扣除标准

其中，"三险"是最基本的社会保险，包括养老保险、医疗保险和失业保险。用人单位为员工缴纳"三险"，是我国的一项法律规定，只要员工与用人单位签订劳动合同或形成实际的劳动雇佣关系，用人单位便必须为员工缴纳"三险"；"一金"指住房公积金。"三险一金"需个人与单位按照法定比例来承担，若以用人单位方式参保，则以员工实际工资作为缴纳基数。

此外，我还听说过"五险一金"的说法，即在"三险一金"的基础上，增加工伤保险和生育保险，这两种保险全由用人单位承担，员工无须承担。

一般来说，"三险一金"在不同的地区，会有不同的比例规定，但比例相对比较接近。例如，北京市的养老保险缴费比例，用人单位承担20%，员工个人承担8%；而上海市的养老保险缴费比例，用人单位承担22%，员工个人承担8%。

Chapter One
第一章
遥远的个人所得税走到了身边

我像做板书一样，做了这么多笔记，虽然对很多概念还是很模糊，好歹能算出来自己的工资要交多少税了。本人第一个月的工资要交 60 元的个人所得税。

耶，初战告捷！

都说个人所得税是和个人相关性最大的一个税种，我刚上班就碰上了一件件有趣的事，且听我慢慢道来。

第二章 Chapter Two
初识个人所得税

到公司报到的第二天,是9月20日,集团公司正好结完上个月的账,我本来可以讨个巧,不用花什么力气就可以安然度过第一天,但由于对自己税收知识实在没多少把握,因此心里一直在打鼓,生怕自己砸了母校的牌子。我自己也不知道为什么安总就看上我了,正想着这事呢,安总就向我布置第一个任务了。

第一节　好客的老蔡

"小明啊,你来一下,我给你布置一下工作。你目前的主要工作是审核人力资源部提交到财务部的工资。自从今年8月底国务院颁布了新的《个人所得税法》,我就预感到将来个人所得税将成为财务部未来一段时间的重要工作,正好我也想加强税务方面的管理工作,就向赵总提出了专门增设一个个人所得税务岗位的想法,你的首要任务是学好个人所得税,再学好其他税种,用三到五年的时间,成长为一个合格的税务经理。"

Chapter Two
第二章
初识个人所得税

"这是全国人大刚刚发布的新的《个人所得税法》，你有空先学习起来，等将来配套文件齐了，我会专门给大家讲讲实际操作。现在8月的工资刚刚发放完毕，正好你有空，这里有一份资料需要你去税务局打一份证明，税务局赵科长那里我都通过电话了，你直接去办税大厅找他就行了。"

我认真记下安总交代的事，又在脑子里默记了两遍，生怕第一次出门就办砸了。虽然自己对目前的税务会计岗位还有点不满意，但做了就要做好，起码安总初看为人还是很好的，只要他肯教我，能学到东西，我只要努力，后来的后来……后来我就能……哈哈，我又开始浮想联翩了。

去人力资源部办好用车手续后，我就和人力资源部的一位姓蔡的同事一同出门了。第一次见面，我就叫他老蔡吧。老蔡要去社保中心，一路上对我问这问那，简直是个话痨，他显然对我这位新来的财务部同事很感兴趣，并许诺今天中午带我去一家很好吃的小吃店，他做东。我当然痛快答应了，在上海读书四年，对北京都有点陌生了。

和老蔡分别办完事后已是中午，老蔡让司机直奔老地方。不多时，我们便来到了一家护国寺小吃店，老蔡和司机熟门熟路点上了菜，并为我点了一份炸糕和一份烧饼夹肉并配了羊杂汤。

这小吃的味道真是太绝了，非常好吃，这下我非常认同老蔡的眼光，吃完老蔡抢着结了账，三个人正好130元，我暗忖价格还算公道。

回来的路上，我条件反射般地想起，在上学时老师一再强调个人所得税是对个人所得部分征税，虽然我对其他知识点忘得差不多了，但对这个反复强调的内容，我还是印象深刻的。

那不对啊？我心里在想，老蔡不是去报销就有所得了吗？如果再交税，不是亏大了？请我们吃饭还要交税，想想我又想不通了。

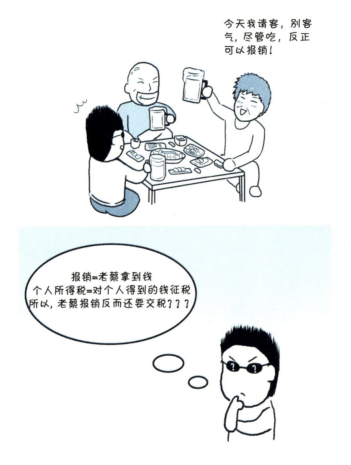

我还是太紧张了,吃饭还想着交税的事。

回来我将问题讲给了安总听,安总听完哈哈大笑,说你还是会思考的。接着说起来了公司的"误餐补助"的来历。

"原来对于出个短差,公司规定'误餐补助'凭票报销,也没有控制额度,一度失控,有时跑一趟外面,两三个人能吃出四五百元,后来我和赵总与人力资源部统一协调,统一发文件规定,出差北京城里每人每顿50元,超过部分自己承担,可以不凭发票报销,但必须有人力资源部的出车证明和出差人部门负责人的签字确认,这样才将餐费迅速降下来,老蔡抢着结账是因为他也能赚点小利。不过这个你也不要计较了，人家家里也不容易，老婆身体不好，经常得病，还有一个孩子在上学，全家就指着他赚钱。"

安总接下来扶了扶了扶厚重的眼镜，接着说道，其实这个"误餐补助"在税收上也是有来历的。文件有两个。一个是《国家税务总局关于印发〈征收个人所得税若干问题的规定〉的通知》（国税发〔1994〕89号），第二条第（二）项规定：

下列不属于工资、薪金性质的补贴、津贴或者不属于纳税人本人工资、薪金所得项目的收入，不征税：

1. 独生子女补贴。
2. 执行公务员工资制度未纳入基本工资总额的补贴、津贴差额和家属成员的副食品补贴。
3. 托儿补助费。
4. 差旅费津贴、误餐补助。

其中第 4 点差旅费津贴、误餐补助，不属于个人工资、薪金所得，不征收个人所得税。

《财政部 国家税务总局关于误餐补助范围确定问题的通知》（财税字〔1995〕82 号）又进一步明确"误餐补助"使用的范围，文件规定：

国税发〔1994〕89 号文件规定不征税的误餐补助，是指按财政部门规定，个人因公在城区、郊区工作，不能在工作单位或返回就餐，确实需要在外就餐的，根据实际误餐顿数，按规定的标准领取的误餐费。一些单位以误餐补助名义发给职工的补贴、津贴，应当并入当月工资、薪金所得计征个人所得税。

按照这两个文件,对误餐补助是不征税的,包括出远差人员的差旅费津贴也不征税。当然了,这也有一个合理的度,不能借这个名头,将有些个人收入放到这里来避税。例如,你在北京城里跑一趟给500元补助,显然不合理。

"但是那是财政部门规定,我们是企业,那我们执行的标准是什么呢?"我问道。

"我们公司标准就是最高标准不高于当地政府部门公职人员的出差标准,这样可以减少税收争议。"安总说道。

"那么我问你,要不要发票?"安总反问我道。

显然,安总在有意识地考我。

"没有发票不能报销,在大学里老师都这样讲。"我脱口而出。

哎呀,我又开始紧张了,一紧张我又想起税法老师讲的话,今天可是第二回了,为啥我就这么不自信呢?

"未必。"安总说。

"税法对此没有强制性的规定,现在在外出差,在有些地方吃饭根本拿不到发票,特别是小地方,拿的都是白条子,或者假的定额票,税收风险很大。我今年刚来公司就提出这个问题,建议赵总他们采用差旅费津贴和误餐补助的形式来定额控制,因此公司就规定了用差旅费津贴来解决白条子问题。"

"当然,文件在执行当中,也有一些实际的问题,比如你刚才问的,财税字〔1995〕82号文件里说按财政部门规定,到底是哪级财政部门?还有这两个文件发文的背景是针对行政事业单位、国有企业,并不针对普通企业,普通企业执行不执行?税务部门认不认可?问题一大堆。"

"现在我了解到税务部门的执法口径是我们公司可以参照执行,因此公司定政策之前还要和当地的税务部门做好沟通。做税务这行,三分政策七分沟通嘛。"

"有明确的公司文件规定,他们不会过多追究,毕竟金额不高,也合理。"安总补充道。

最后,安总又总结,其实在目前的个人所得税中,能领到现金补助又不交税的文件极少。

我听着安总的讲解,如痴如醉,十分佩服安总,这文件号都是爆米花一样地蹦出来,这水平实在高。

我赶紧将这两个文件号记下,在中税答疑的"税联网"平台上找出文件原文,整理了学习笔记,放在电脑上的一个"税收文件夹"里,显然我对学税法来了兴趣!

第二节 我成了安总的小跟班

安总最近特别忙,从今年1月临危受命担任集团税务总监到现在过去九个多月了,他一直在忙着梳理集团层面有关的税收风险事项,并明确提出许多补救及应对改进措施,各方面都做得井井有条。董事会及赵总对此都十分满意。

我对安总渐渐不再拘谨,跟着同事们私下称其为老安。老安其实并不老,今年只有40岁,只是头发有些稀少了,看上去老相一点。从报到到现在这个把月来,我觉得他很随和,学识丰富,而且从来没有架子,因此私下对家里人描述,我都称他为老安,我觉得这样亲切些,叫安总反而有些生分。

那天一早刚上班,老安的手机铃声又响起,是赵总让他去办公室商量事。不多久，老安回来，招呼上我。

"走喽，小明，带你去下面的公司转转。"

司机带上我和老安去了一家刚成立的销售公司。在路上，我了解到，这家公司原来是集团公司的销售部，现在为了拓展业务，刚刚从总部独立出来，专门从事市场开发和产品销售。赵总担心子公司刚成立，在总体的内控制度设计上会有税收风险隐患。年初那场对下属一家子公司的大稽查，至今还让赵总心有余悸，这也促使集团公司管理层下定决心聘请有专业税务背景的老安担任公司的税务总监兼集团财务副总监。

大约40分钟后，车就到达的了目的地。接待我和老安的是这家公司刚刚上任的财务经理，姓谢，27岁，正是风华正茂的年龄。

一阵寒暄后，老安直接进入正题，了解了公司的基本运作情况，并要求查看这个月的凭证。谢经理派人取来了所有凭证。老安开始一张一张地过。在看到一张凭证摘要栏写着现金支付李总车辆费用1 200元，后面附着一张领款单时，老安指出，这个凭证有问题，这个费用应该并入工资薪金，合并计算缴纳个人所得税。谢经理解释道："这个确实是李总为公司的事出差而花费的费用，应该可以记入成本费用。"

"你列支的方式不对，按现行税法的规定，直接支付给个人的私车公用的费用应并入到'工资薪金项目'中计征个人所得税。"

老安又指着另一张报销电话费的凭证说道："这个也是一样，写着领取通讯补助费500元，这个和上面的是一个道理。"

由于公司刚成立，凭证只有200号左右，老安很快看完，并指出了主要的问题。做完笔记，老安起身对谢经理说："这样吧，这边的主要问题只有两个，私车公用的费用问题以及个人通讯补助费问题。"

"是的，"谢经理答道，"由于公司所需的公车还没有到位，另外我也是刚到，通讯费这块还没有接到具体通知。"

"这样，"老安补充道，"通讯费这块，一律定期按级别充值，标准对照总部刚出台的《通讯费用报销标准》，作为公务用电话费用。你们公司和移动公司赶快签订一个协议，由公司统一付款，每月定期向其支付话费，开具公司抬头的增值税专用发票。超过部分，公司不付款。如果觉得标准确实低，可向总部申请将额度调高。公司内部人员建立短号网，以节约费用。私车公用这块确有需要的，由总部赵总统一审批，公司和个人签订租车合同。合同约定用车期间，产生的用车费用由公司负担，公司每年支付一定额度的租车费，车辆保险费用公司不负责。开具发票抬头必须为公司名称。我下个月还要过来一次，这个一定要落实下去，小谢。"

"好的，好的。"谢经理答复道。

回来的路上，老安对我说到，这家公司碰到的问题，在国家税务总局层面上，也出过两个文件，一个是《国家税务总局关于个人所得税有关政策问题的通知》（国税发〔1999〕58号），其中的第二条**"关于个人取得公务交通、通讯补贴收入征税问题"**规定：

个人因公务用车和通讯制度改革而取得的公务用车、通讯补贴收入，扣除一定标准的公务费用后，按照"工资、薪金"所得项目计征个人所得税；不按月发放的，分解到所属月份并与该月份"工资、薪金"所得合并后计征个人所得税。

公务费用的扣除标准，由省级地方税务局根据纳税人公务交通、通讯费用的实际发生情况调查测算，报经省级人民政府批准后确定，并报国家税务总局备案。

另一个是国家税务总局《关于个人因公务用车制度改革取得补贴收入征收个人所得税问题的通知》（国税函〔2006〕245号）明确规定：

一、因公务用车制度改革而以现金、报销等形式向职工个人支付的收入，均应视为个人取得公务用车补贴收入，按照"工资、薪金所得"项目计征个人所得税。

二、具体计征方法，按《国家税务总局关于个人所得税有关政策问题的通知》（国税发〔1999〕58号）第二条"关于个人取得公务交通、通讯补贴收入征税问题"的有关规定执行。

这两个文件都明确了，公务用车、通讯补助费都计入"工资、薪金"，也就是现在合并成"综合所得"的那个项目，只是有一定的额度可以扣除而已，额度又是由省级人民政府确定，并报税务总局备案的。而文件又针对因公务用车和通讯制度改革而取得的收入，是明确指向行政事业单位和国有企业的，其他企业并没有明确。

在实际操作当中，全国范围内只有很少几个省份出台相关标准供企业执行操作。印象中只有《浙江省地方税务局关于个人取得通讯费补贴收入征收个人所得税问题的通知》（浙地税发〔2001〕118号）第二条做了如下规定：

公务费用的扣除标准规定如下：

1. 根据浙委办〔2000〕99号文件规定享受通讯费补贴的党政机关工作人员，参照浙委办〔2000〕99号文件规定的标准予以扣除。
2. 按照企事业单位规定取得通讯费补贴的工作人员，其单位主要负责人在每月500元额度内按实际取得数予以扣除，其他人员在每月300元额度内按实际取得数予以扣除。
3. 既按浙委办〔2000〕99号文件规定取得补贴、又按企事业单位规定取得通讯费补贴收入的个人，只能选择上述标准之一进行扣除；

个人取得超过上述标准的通讯费补贴收入一律并入个人"工资、薪金所得"征收个人所得税。

可见，在当地税务部门没有具体规定的情况下，盲目的操作会产生税收风险。国税发〔1999〕58号文件和国税函〔2006〕245号文中对直接现金支付的，并没有免除部分额度个人所得税的优惠，谢经理学习不够深入。

我听得入神，不觉间，已经回到了总部。

而现在我的税法文件夹里又多了三个文件！耶！

第三章 Chapter Three
个人所得税的喜与忧

第一节 中秋节的礼物

一年一度的中秋节到了,这是我在这个集团公司过的第一个中秋节,一早"话痨"老蔡就打电话通知我去领财务部今年的中秋福利,虽说我刚到没几天,可福利还是有的,嗯,友好集团真是友好。

到手的福利还是相当不错的,一人一份面值150元精美的"月饼券",500元面值的超市卡,一箱时令水果,很是丰富了!我正打算着如何花这些券时候,安总问了大家一个问题:"大家说,发月饼要交税吗?"

"不交啊,这个是员工福利,当然不交。"我应声道。

"对,不交,我们从来没有交过。"同事们附和道。

"不对哦,我知道的是要交税的。今年年初被查的子公司其中一个问题就是所谓'月饼税'问题。"

我的嘴巴张成了O形:"发月饼还要交税,那我拿的水果,还有超市卡呢?"

"都要交。"

Chapter Three
第三章
个人所得税的喜与忧

"啊!"这下办公室里的其他同事也齐声惊呼了起来,"原来都没想过要交税啊,哎呀,拿个过节福利也要交税。"失落的情绪在办公室蔓延开来。

"对,所以说原来税收方面不规范,有风险。"

接着安总又和我们说起了"月饼税"的前世今生。

"这个'月饼税'是从 2011 年 9 月开始在全国流行起来的,当时大家都在热烈讨论。这个个人所得税到底要不要交。"

当然"月饼税"只是一个形象的代名词,实际当前的 18 个税种中没有这个"月饼税"。它只是按照当前《个人所得税法》的有关规定,对员工发放月饼征收个人所得税罢了。

《中华人民共和国个人所得税法》（以下简称《个人所得税法》）第一条规定：**在中国境内有住所，或者无住所而一个纳税年度内在中国境内居住累计满一百八十三天的个人，为居民个人。居民个人从中国境内和境外取得的所得，依照本法规定缴纳个人所得税。**

在中国境内无住所又不居住，或者无住所而一个纳税年度内在中国境内居住累计不满一百八十三天的个人，为非居民个人。非居民个人从中国境内取得的所得，依照本法规定缴纳个人所得税。

"那么什么是个人所得？"

《中华人民共和国个人所得税法实施条例》（以下简称《个人所得税法实施条例》）第八条规定：**个人所得的形式，包括现金、实物、有价证券和其他形式的经济利益；所得为实物的，应当按照取得的凭证上所注明的价格计算应纳税所得额，无凭证的实物或者凭证上所注明的价格明显偏低的，参照市场价格核定应纳税所得额；所得为有价证券的，根据票面价格和市场价格核定应纳税所得额；所得为其他形式的经济利益的，参照市场价格核定应纳税所得额。**

这就是月饼征税的法理依据。

"那安总，我知道了，但我还是坚持刚才的论断，不交税。"

"嗯，不错，说说你的理由。"安总显然对我坚持自己的意见很满意。

"好。我认为，虽然我们发的是实物，根据你上面的论断是要纳税，但我们发的这是福利费，因为过节嘛，为了让大家欢度节日，单位发的福利。我刚学到的新的《个人所得税法》第四条第四款规定：**"福利费、抚恤金、救济金免征个人所得税。"**

Chapter Three
第三章
个人所得税的喜与忧

"你看福利费是不是可以免税?"

"嗯,是的。"

"那你知道什么是福利费吗?"

"这个,我没想到这一层了。"我作为一个刚学《个人所得税法》的税收"小白"哪会想到这一层。

"嗯,我来告诉你吧。"

《个人所得税法实施条例》第十一条规定:**个人所得税法第四条第一款第四项所称福利费,是指根据国家有关规定,从企业、事业单位、国家机关、社会组织提留的福利费或者工会经费中支付给个人的生活补助费;所称救济金,是指各级人民政府民政部门支付给个人的生活困难补助费。**

那么月饼又算不算是一种"生活补助"呢?

国税发〔1998〕155号给出了答案。

《国家税务总局关于生活补助费范围确定问题的通知》规定:

下列收入不属于免税的福利费范围,应当并入纳税人的工资、薪金收入计征个人所得税:

(一) 从超出国家规定的比例或基数计提的福利费、工会经费中支付给个人的各种补贴、补助;

(二) 从福利费和工会经费中支付给本单位职工的人人有份的补贴、补助;

(三) 单位为个人购买汽车、住房、电子计算机等不属于临时性生活困难补助性质的支出。

"经过分析,我们可以看出,目前'月饼税'是需要交的,要纳入工资总额管理。"

"那如果不发月饼,大家免费到单位食堂就餐呢?"有同事追问道。

"那就是集体福利了,就不用交税了。"

"个人所得税有一个特点,就是个人收到的实物也要折合成现金形式交税,要不然,五花八门的避税形式就会出现,关于个人所得税的这项规定也是无奈之举。比如工资发 3 500 元,不纳税,过节发 10 000 元实物,假定也不纳税,那个人所得税就永远都没法收了。"

"就我个人认为,'月饼税'迟早会随着个人免征额的提高,消失在历史的长河中。它只是一个特定时期的一个符号而已。"安总说道。

"那安总,这个所谓的'月饼税'要如何交呢。"

"并到所得的当月工资薪金中缴纳,所以说,不是每个人都要交'月饼税',有的工资低,不用交,有的工资高,'月饼税'就要交"。

我有点小泄气,好不容易有点实物小收入,被告知又要纳税。我现在真正理解,为什么大家对这个所谓的"月饼税"有想法。主要应该是在情绪上的。

"那安总,我这次申报个人所得税,都扣了吧?"

"个人所得税还是要扣的,但由公司来负担好了,我们只是税款上损失了一点,不能在企业所得税税前列支。"

"但员工过节的情绪不会受到影响。我也请示过赵总,管理层也同意这么做。这样'月饼税'是不是现在看起来合法又合理了?"

"哈哈!"

大家都笑了起来,关于"月饼税"的无奈与担忧一扫而空。

Chapter Three
第三章
个人所得税的喜与忧

第二节 购物券的烦恼

令人无奈的"月饼税"故事还在延续,这次倒不是月饼的问题,是发给我们的月饼券,本来面值写着是150元,挺好的啊,我个人所得税就按这个来扣啊,但第二天,我拿到发票一看,傻眼了,开给我们的月饼券是每张135元。

是不是老蔡他们搞错了,我拿到的就是150元的券啊。

一个电话我就打过去了。

"老蔡,你们是不是搞错了,150元的月饼券,为什么开给我们就是135元?"

"哈哈,小梁啊,我是为单位做了好事不留名啊,我们是这家月饼店多年的老主顾了,我凭着三寸不烂之舌,今年终于谈下来了,给了我们9折的折扣。这样为单位也能省下不少钱。别告诉我你们财务不好入账哈,哈哈!"

"我晕,我入不了账,你也知道。"我心里暗想。

这个老蔡对单位利益还是很上心的。不过,个人所得税的事,让我犯难了,我是按150元,还是按135元来代扣代缴个人所得税呢?

没办法,一头雾水啊,这雾还非常大。

问安总吧,总不能个人所得税也算错了吧,那我也太丢人了。

安总说,这个情况,我们公司年初也出现过:年初,我们春节送给员工的购物卡就是打了98折买的。每张花了980元。我与税务师事务所的同志讨论过,目前有两个观点,一种观点是以购物卡面值作为个人所得税的计征依据,即征收1 000×20%＝200(元)个人所得税。还有一种观点,按980×20%＝196(元)征收个人所得税。小明你研究下,哪种观点更合理,或者你有什么新想法?"

"好的,好的。"我嘴里答应,心里想,这是在考我啊。

没办法,找文件吧,看来安总是在有意地培养我。

第2天,我向老安汇报了自己的想法。

根据《财政部 国家税务总局关于企业促销展业赠送礼品有关个人所得税问题的通知》(财税〔2011〕50号)第三条规定:**企业赠送的礼品是自产产品(服务)的,按该产品(服务)的市场销售价格确定个人的应税所得;是外购商品(服务)的,按该商品(服务)的实际购置价格确定个人的应税所得**。购物卡可以被视为广义的商品,其购置价980元确定为个人所得,故应计征个人所得税196元。

安总一边听一边连连点头,口中念叨:"后生可畏,后生可畏啊!"

"小明,再追加问你两个问题。"

第一个问题,举办活动购买10 000元的商品,赠送面值1 000元的购物卡。公司购买了10 000元的商品,在年会上公司将此面值1 000元的购物卡赠送给外单位个人。有朋友持这样的观点,财税〔2011〕50号规定是外购商品(服务)的,按该商品(服务)的实际购置价格确定个人的应税所得。该购物卡为赠送的,购置价为0元,故不涉及个人所得税。

第二个问题,超市举办活动,购买1 000元商品,可参加随机抽奖,一等奖为面值1 000元的购物卡,甲公司在购买1 000元的商品时,正好中了一等奖,在年会上公司将此面值1 000元的购物卡赠送给外单位个人。

Chapter Three
第三章
个人所得税的喜与忧

我心里想,安总啊,你放过我吧,我感觉自己被架在火上烤啊,一不小心,你就要问我问题。上面这个文件我也费了好大的力气在网上找到的。

"对于第一个问题我认为,"我很谨慎地回答道,"10 000 元商品和 1 000 元购物卡一共花了 10 000 元,1 000 元购物卡相当于花了 1 000/11 000×10 000=910(元),购置价等同于 910 元,则应计征 910×20% =182(元)个人所得税。"

对于第二个问题,我查询过相关文件规定,无规定可以参照,此案例中,对于抽奖得到的购物卡,会计分录应该为:

借:其他应收款——购物卡　　　　　1 000
　　贷:营业外收入　　　　　　　　　1 000

赠送给外单位个人:

借:销售费用　　　　　　　　　　　1 000
　　贷:其他应收款——购物卡　　　　1 000

"在没有其他规定可参照的情况下,结合上述的会计分录,我认为该购物卡虽为中奖所得,但等同于购置价 1 000 元,则计征个人所得税 1 000×20%=200(元)。"

回答完安总的三个问题后,安总满意地点了点头。

我如释重负,转眼间我惊奇地发现同样面额的购物卡,不同取得方式计征个人所得税竟然有差异。

哈哈,这《个人所得税法》真是有意思,有趣极了。

第三节　3 500 与 5 000 较上了劲

短暂的国庆假期后,我迎来了第一个真正的任务:审核人力资源部提交的 2019 年 9 月发放的员工工资单。

审核中,我发现问题了,9 月的工资到底是按 3 500 元还是按 5 000 元扣除,人力资源部的工资单上个人所得税的扣除标准还是 3 500 元。感觉不对,但就是说不出一个所以然来。问老蔡,老蔡说人资主管认为就是 3 500 元,只有 10 月的工资才能按 5 000 元扣除。

我有点犯难了。到底是不是我错了?

我将情况向安总做了汇报。

安总沉思了一会儿,说道:"你去组织一下,下午两点在六楼的多媒体会议室我们开个视频短会吧,这个问题很重要,每次扣除标准也叫(免征额)的调整,都会引发争议与讨论,我将问题说透,各子公司的财务经理参加一下,并邀请人力资源部的同事参加。"

视频会议如期举行,十分热闹,因为今天讨论的问题,也是目前大家热议的问题。

"大家静一下,对于 9 月工资的发放,大家碰到一个问题,到底是按 3 500 元的扣除标准扣除,还是按 5 000 元的扣除。大家各抒己见,现在讨论开始。"

"《个人所得税法》说了,5 000 元的扣除费用可以先行从 2018 年 10 月 1 日起开始享受,那当然是 10 月发放的工资。"赵经理抢着说。

"不对,不对,我昨天看朋友圈了,说是 9 月开始就可以,还有大咖的文章说，8月的工资也可以放到9月发，就可以享受5 000元的扣除额度，他还举了例子，能省不少税呢。"李经理反驳。

"不对，我仔细研究了，应该是8月就可以开始了，因为8月的工资9月发放，我们申报在10月啊，所以我们要依法享受，我8月的工资就可以享受了。"王经理插嘴道。

"都不对，我研究了三位大咖的文章，得出结论，只要是10月以后拿到的收入，都可以享受5 000元的扣除额，所以现在8月、9月的工资都推迟到10月发就可以了。"陆经理总结式发了言。

四位子公司的财务经理在唇枪舌剑地辩论着，谁也没有让步，个个脸红脖子粗。

我作为新来的员工，当然一个人默默地坐在安总的后面，不作声。不是我装深沉，实际我也懵，什么工资所属期，什么工资发放期，什么税款所属期，什么税款申报期。我本来就没什么税收知识功底，再加上近来关注的朋友圈有关专家的文章也是在打架。五个专家，五个意见，有的还直接配上了税收筹划方案。我是看得云里雾里，没明白。现在最怕有人问我什么意见，怕我自己说不出个所以然。

安总则微笑着坐在座位上，除了刚才的开场白，一言不发，喝着刚泡的龙井。

大概过了20分钟的样子，大家的讨论基本形成了以四位经理为代表的四个意见，其他人也是纷纷站队，力挺各自支持的对象。而我因为不明白，所以没有任何站队的表示。

安总看着时机差不多了，再这样下去已无必要，就清了清嗓子。

"大家安静一下，都有结论了吧！"

"梁小明同学，你有什么意见。我看你刚才一声不吭。"

安总点了我的名。

我私下听说,安总喜欢对手下同事以师生相称,不喜欢以上下级关系相称,他觉得那样他们有压力。

我就像是被电了一下似的。

"我没有意见,因为我还没有搞明白,所以我不支持任何一位财务经理的意见。"我不知所措地如实回答了。

"嗯,不错,有独立思考的潜质。"老安满意地点点头。

他接着转头向大家说道:"既然大家意见都形成了,那我就讲几句吧。大家听听是不是这个道理。"

"首先,个人所得税对什么征税?"

"个人取得的所得啊。《个人所得税法》的第一条规定,在中国境内有住所,或者无住所而一个纳税年度内在中国境内居住累计满一百八十三天的个人,为居民个人。居民个人从中国境内和境外取得的所得,依照本法规定缴纳个人所得税。"台下有人回答道。

"对,回答正确。"

"那实际取得所得的时间,是不是就满足了税法纳税义务发生时间的要求?"

"对。"台下有人回答。

"那我们公司8月的工资9月发,实际取得是在9月,这种情况能享受吗?"

台下一片沉默。

"如果有的单位福利好,发工资及时,8月工资8月最后一天发,9月工资9月发,能享受5 000元的扣除额吗?"

"因此,什么时候享受5 000元,在于你何时收到这笔应税收入,哪怕你在10月1日0点1分收到这笔收入，也有资格享受这个5 000元的扣除额，至于五花八门的什么期间我们也没有必要去纠结了。"

这下，最后发言的陆经理洋洋得意了。

"看到没，集团公司的税务总监都支持我的观点。"

"陆经理，你的观点也不对，你肯定受了某位没什么实务经验的人的毒害，而且还不轻。"安总批评道。

"因为10月发8月、9月两个月的工资，是合并起来一起计算扣除才5 000元的。按正常你分两个月发，8月的工资可以扣一次3 500元，9月的工资可以扣一次5 000元，一共可以扣8 500元的。这样一来的话，你的主意变馊主意了。那位写公众号文章的十有八九是跑江湖卖艺，胸口碎大石之流的人。你还是别关注了，大家要是感兴趣，我可以推荐几个有真才实学的财税公众号。"安总继续说道。

陆经理被说得面红耳赤，欲言又止。

"哈哈！陆经理，你就不要不好意思了，能表达自己的观点就是好的。但一定要有自己的思考，有自己的税务思维。"安总为了缓解陆经理的尴尬，给了陆经理一个台阶。

"除了我说的考虑收入实际取得时间，再考虑实际工资中个人所得税申报的期间规定，这个问题很好解决。每次个人所得税调整申报免征额都要闹腾一阵。2011年那时也是。"老安说道。

"现在结论有了，一般我们企业的操作是，8月的工资，9月实际发放，实际取得时间为9月，所以不享受5 000元的费用扣除，按3 500元执行。9月工资10月发放。9月工资享受5000元扣除额。就是这么简单，大家明白了吧。"

"财政部、国家税务总局看大家没有一个统一意见，特别在9月7号发布财税〔2018〕98号文，其中的第一条，讲的就是工资问题，下面我给大家念一遍，文件我一会儿发给大家，大家跟着我的思路，看看是不是这个理。理解法条背后的原理，有自己的思维，70%以上税收文件根本无须背诵。当你无从下手的时候，从税法的本意出发，从基本原则出发，许多问题就会迎刃而解。

我之所以要开这个视频会，还有一个原因，大家一定要掌握个人所得税中的一个要义，就是所得税以所得是否取得、实际掌握为计征依据。这一点很重要。而不仅仅是3 500元还是5 000元的扣除标准。"

财政部　税务总局关于2018年第四季度个人所得税减除费用和税率适用问题的通知

财税〔2018〕98号

各省、自治区、直辖市、计划单列市财政厅（局），国家税务总局各省、自治区、直辖市、计划单列市税务局，新疆生产建设兵团财政局：

根据第十三届全国人大常委会第五次会议审议通过的《全国人民代表大会常务委员会关于修改〈中华人民共和国个人所得税法〉的决定》，现就2018年第四季度纳税人适用个人所得税减除费用和税率有关问题通知如下：

一、关于工资、薪金所得适用减除费用和税率问题

对纳税人在2018年10月1日（含）后实际取得的工资、薪金所得，减除费用统一按照5000元/月执行，并按照本通知所附个人所得税税率表一计算应纳税额。对纳税人在2018年9月30日（含）前实际取得的工资、薪金所得，减除费用按照税法修改前规定执行。

Chapter Three
第三章
个人所得税的喜与忧

为了让大家更明白我画了一张表给大家看。请看表3-1，这样以后就不会再迷糊了。

表 3-1

10月1日起执行是什么意思	从10月1日起取得收入适用新的5 000元扣除额度
9月的工资9月发，扣除额度是多少	3 500元
9月的工资10月发，扣除额度是多少	5 000元
把8月、9月的工资合并到10月发，扣除额度是多少	5 000元。但两个月合并到一个月只有5 000元的扣除额度，省不了税，还要多交
有什么办法可以节税	有，但空间不大，可以在8月少发一点工资，8月也享受3 500元，余下的在9月发放，享受5 000元的扣除
9月的工资由于假期原因提前到9月底发可以扣除多少	5 000元，参见总局最新解释

安总一边念着文件，一边解说着。而此时我，则像一块海绵掉进了知识的海洋，在奋力地记着笔记，生怕错过每一个字，也许刚才安总的那句话更加激起了我学习税法的兴趣。

第四节　社保费里的小秘密

我盼星星盼月亮，盼着11月20号早日到来，因为那天可以领到第一个月完整的工资。每月20号是发工资的日子，而我审核的工作则在18号就要完成。我审核后，安总再复核签字，最后交资金计划部划拨资金。

有朋友说，不对啊，小明同学，你9月入职，10月应该有一笔工资收入了啊，11月发的工资应该是你第二个月的工资啊。哈哈，9月那10天是我的试用期工资，少了点，连我自己都说不出口，就忽略不计了。这个国庆节后我由于表现优异，提前转正了。

11月16号我如期拿到老蔡那里送过来的工资单，第一个动作就是翻看自己到底有多少进账，倒不是说我不知道自己工资多少，而是第一次凭自己劳动拿到收入，感觉那是完全不一样的。这个心情相信大家都有体会。

很快我找到了自己的名字，实发工资栏里赫然写着5 179元。不对啊，怎么会是5 179元呢？

我连忙看了工资明细，应发工资7 000元，基本养老保险200元，基本医疗保险200元，失业保险100元，住房公积金1 200元，工伤保险100元。合计扣除1 800元，代扣代缴个人所得税21元。

这不对啊，7 000元减去扣除合计1 800元再减去5 000元扣除标准后为200元，应该缴6元个人所得税。和我工资单上的代扣个人所得税数字怎么不一样呢。这个老蔡手下的人资主管咋又错了呐，上次3 500和5 000元的风波才过去一个月啊。

我兴冲冲跑到安总办公桌前。

"安总，你看，老蔡手下的人资主管又错了。我的个人所得税应该是6元才对啊，为啥成21元了？"

安总看了一下。

"小明啊，这下你错怪那个人资主管了，你先自学一下文件。"安总说道。

"文件号是财税〔2006〕10号。"

我打开文件，原文如下：

财政部　国家税务总局关于基本养老保险费基本医疗保险费失业保险费住房公积金有关个人所得税政策的通知

财税〔2006〕10 号

各省、自治区、直辖市、计划单列市财政厅（局）、国家税务局、地方税务局，财政部驻各省、自治区、直辖市、计划单列市财政监察专员办事处，新疆生产建设兵团财务局：

根据国务院 2005 年 12 月公布的《中华人民共和国个人所得税法实施条例》有关规定，现对基本养老保险费、基本医疗保险费、失业保险费、住房公积金有关个人所得税政策问题通知如下：

一、企事业单位按照国家或省（自治区、直辖市）人民政府规定的缴费比例或办法实际缴付的基本养老保险费、基本医疗保险费和失业保险费，免征个人所得税；个人按照国家或省（自治区、直辖市）人民政府规定的缴费比例或办法实际缴付的基本养老保险费、基本医疗保险费和失业保险费，允许在个人应纳税所得额中扣除。

企事业单位和个人超过规定的比例和标准缴付的基本养老保险费、基本医疗保险费和失业保险费，应将超过部分并入个人当期的工资、薪金收入，计征个人所得税。

二、根据《住房公积金管理条例》、《建设部 财政部 中国人民银行关于住房公积金管理若干具体问题的指导意见》（建金管〔2005〕5 号）等规定精神，单位和个人分别在不超过职工本人上一年度月平均工资 12% 的幅度内，其实际缴存的住房公积金，允许在个人应纳税所得额中扣除。单位和职工个人缴存住房公积金的月平均工资不得超过职工工作地所在设区城市上一年度职工月平均工资的 3 倍，具体标准按照各地有关规定执行。

单位和个人超过上述规定比例和标准缴付的住房公积金，应将超过部分并入个人当期的工资、薪金收入，计征个人所得税。

"小明你看一下，个人所得税扣除的'三险一金'，工伤保险不在扣除项里面，我们单位住房公积金缴存基数比较高，按照我们当地的标准，公积金最高准予扣除1 000元，你扣了1 200元，调增200元，我们单位个人与单位缴存比例为1∶1，所以要调增400元。你本月应发工资7 000元减去扣除合计1 800元再减去5 000扣除标准后为200元，再加上不允许扣除的工伤保险100元，超额缴存的住房公积金400元，个人所得税计税依据为700元，要缴个人所得税21元。你本月工资为7 000 – 1 800 – 21 = 5 179（元）。"

原来是这么回事啊。

"安总，还有个问题啊，我们单位总经理，他的'三险一金'是在集团公司缴纳的，不是在我们公司所在地缴纳的，这个可以在个人所得税税前扣除吗？"

"可以的。"

"依据财税〔2006〕10号文件规定，个人缴纳的'三险一金'可以在个人的应纳税所得额中扣除，同时税法并没有规定异地缴纳的不可以扣除，因此异地缴纳的'三险一金'也可以扣除。同时我们也参考一下国税总局北京市税务局的问答。"

【问】异地以个人名义缴纳"三险一金"，可以在算工资个人所得税时扣除吗？

【答】员工在北京的单位取得工资、薪金所得，在青岛以个人名义缴纳"三险一金"，个人缴付的"三险一金"可由北京单位在申报时扣除，但扣缴标准应按北京（工作地）的标准执行。

晚上躺在床上，心里还想着自己拿到第一份收入应该如何做点有意义的事情，随手翻了枕边书，刚好翻到《工伤保险条例》，其中有这么一段，用人单位应当按时缴纳工伤保险费。职工个人不缴纳工伤保险费。用人单位缴纳工伤保险的数额为本单位职工工资总额乘以单位缴费费率的结果。用人单位应当将参加工伤保险的有关情况在本单位内公示。单位这么坑人啊，工伤保险费不应由个人承担，怎么能从个人工资里扣呢？明天去沟通一下。

第三天，我打印了一份《工伤保险条例》递交给人事部门，提出了自己的疑惑。没过几天，公司不但把我扣的工伤保险费补回来了，而且其他人的也补回来了，一时间，我俨然成了公司的小明星。

第五节 铁杆彩民老李

一大早，李会计就兴奋地向办公室的同事讲述着昨天自己近乎传奇的经历。原来昨天，一直坚持买福彩五年的李会计，中了 8 000 元的福彩。原来都是小打小闹，没有中过大奖，听着他的描述我才进一步了解到李会计别样的彩民人生。

今年 46 岁的他，是集团公司元老级的人物了，1998 年毕业于北京商学院财会专业，后来应聘来到了集团，从一个出纳做起，现在是财务部的总账会计。本来以他的资历现在完全可能坐老安的位置，但他信奉"不争不抢，平平淡淡，与世无争"的处世原则，因此一直在总账的位置上晃悠。别的同事称他李总账的也有，调侃称他李总的也有。他都哈哈一笑，脾气出奇的好。

他有一个雷打不动的习惯，每天早餐就花8元钱，不多不少，余下2元正好买福彩，彩票也买一注，不多不少。原来8元钱可以买到油煎包加纯奶，后来早餐价格涨了，纯奶只能改成豆浆，油煎包换成小份的饺子了，要不然就买不成彩票了。不是他没有吃早餐的钱，只是认为调整自己的支出预算是一个极为麻烦的事，他一直精打细算地过着自己的生活。

昨天他依旧重复着他往日的节奏，买了一注机选的福彩，没想到中了8 000元，李总账真是心花怒放。

讲完昨天的经历，李总账接着宣布："这个月的'活动基金'大家都不要和我抢了，我出中奖的8 000元的20%，1 600元放入活动基金。""活动基金"是老安来了公司后搞的，他发现现在大家都沉迷于朋友圈了，交流少了，团队的凝聚力不强。"活动基金"的主要用途就是平时隔上半个月左右的休息日去郊游，或是一起小聚吃饭。大家都很乐意参加，因为出的钱又不多，一起郊游也可以放松心情，现在大家都很佩服老安。年初到现在，公司一路规范化工作下来活并不少，但同事们都没有一个有怨言，个个干劲十足。

这次的活动安排在一家有名的小吃店，店家说新上来一款小吃火遍半个北京城，大家都一边高兴地吃着，一边聊着，李总账还是有点兴奋，反复回味自己中奖那时的心情。

这时我的脑子又神经质一样地想到税的事了，又忍不住不合时宜地插了一句嘴："唉，老李，不对啊，你中奖8 000元，属于偶然所得，依照税法应该按20%的税率缴纳个人所得税，你缴完税后剩下只有6 400元才对啊，你出的钱不止20%的比例了啊！"

老李一脸懵，说："我没有缴税啊。"

一旁的同事们，听了都快笑岔气了："小明啊，你是不是魔怔了，吃饭都想税的事,你现在是三句不离税了哈。"

老安也是笑得涨红了脸:"小明啊,你可有我当年的风采啊,当年我学税法如痴如醉,有人问我买的白菜多少钱一斤的时候,我居然说白菜属自产农产品,免税。"同事们又是一阵大笑。我都不好意思了,只是挠着头嘿嘿笑了起来。老安紧接着说,老李说得对,他的中奖对应的是"偶然所得"税目,中奖额在 10 000 元以下,因此不用缴税的。

"啊,还有这个规定啊。"

"是的。"

《国家税务总局关于社会福利有奖募捐发行收入税收问题的通知》(国税发〔1994〕127 号)规定:

对个人购买社会福利有奖募捐奖券一次中奖收入不超过 10 000 元的暂免征收个人所得税,对一次中奖收入超过 10 000 元的,应按税法规定全额征税。本规定从 6 月 1 日起执行。凡以前已征个人所得税的,可不退税;未征个人所得税的,不补税。

这个文件其他的条款全部都废除了,只有这条还是有效的。

这个是关于福利彩票的。还有一个是关于体育彩票的。

《财政部 国家税务总局关于个人取得体育彩票中奖所得征免个人所得税问题的通知》(财税字〔1998〕12 号)规定:

各省、自治区、直辖市、计划单列市财政厅(局)、国家税务局、地方税务局:

为了有利于动员全社会力量资助和发展我国的体育事业,经研究决定,对个人购买体育彩票中奖收入的所得税政策作如下调整:凡一次中奖收入不超过 1 万元的,暂免征收个人所得税;超过 1 万元的,应按税法规定全额征收个人所得税。

本规定自 1998 年 4 月 1 日起执行。

两个文件有一个共同的特点，就是鼓励你去买福利彩票、体育彩票。所以说，老李买的福利彩票中奖收入在 10 000 元以下是免税的。这些属于"偶然所得"。"偶然所得"可以简单地理解成中奖、中彩所得。税率都是 20%。那"偶然所得"里还有没有其他税收优惠了？还有一个关于发票方面的，《财政部 国家税务总局关于个人取得有奖发票奖金征免个人所得税问题的通知》（财税〔2007〕34 号）规定：

各省、自治区、直辖市、计划单列市财政厅（局）、地方税务局，新疆生产建设兵团财务局：

为促进有奖发票的使用和推广，鼓励单位和个人依法开具发票，规范发票管理，现就个人取得有奖发票奖金征免个人所得税问题通知如下：

一、个人取得单张有奖发票奖金所得不超过 800 元（含 800 元）的，暂免征收个人所得税；个人取得单张有奖发票奖金所得超过 800 元的，应全额按照个人所得税法规定的"偶然所得"目征收个人所得税。

二、税务机关或其指定的有奖发票兑奖机构，是有奖发票奖金所得个人所得税的扣缴义务人，应依法认真做好个人所得税代扣代缴工作。

财政部　国家税务总局
二 00 七年二月二十七日

"这个文件的意思就是说，你的有奖发票中奖不超过 800 元，可以直接免个人所得税。也是鼓励性质，为了推广发票使用而规定了一定额度的免征。

"免征是指在征税范围内，但税法规定可以免掉。个人所得税免征的文件很多，下次有机会我和大家讲讲。'不征'就是根本不在征税范围里，本来就不用交税。例如，人力资源部的老蔡领的独生子女补贴，在国税发〔1994〕89 号里就规定了不征税。

"以上三个文件如果超过额度了就要按全额征税了,这个要注意。例如,体育彩票、福利彩票达到 10 001 元、有奖发票超过 800 元,就要按全额的 20% 征税了。"

大家听得入了迷,枯燥乏味的税法被老安如数家珍般地一一道来。这不仅是一顿美餐,更是一顿税法的大餐。

第六节　热心的老蔡

一早上班,话痨老蔡就拿着一张复印件来找老安,可老安在赵总的办公室还没有回来。李总账这时手里托着一个搪瓷茶杯,晃晃悠悠地来到老蔡面前。

"哟,老蔡,这是要报销差旅费吗?"

"不是,是我一远房亲戚向学校捐赠了一笔钱,问我一个个人所得税税收上的问题,我哪里会这个,我的亲戚认为我在大集团,见多识广,就让我帮忙问问。"

"这个嘛,对我来说,so easy,我先 look,look。"说着,李总账拿来那张单据,坐定喝了一小口茶水。

"说说,具体哪个方面的,本总账免费提供税收咨询服务。"

这段时间,李总账相当开心,显然上次的中奖经历,还是让他很高兴。再加上他和老蔡是多年的老同事,性格都挺随和的。因此说话也挺放松。据说,去年的公司联欢晚会上,他和老蔡表演了一个相声节目,博得满堂喝彩。我看着他们两人也挺像一对相声演员好搭档。

"李总啊,我想问问,这张票据能不能抵个人所得税。"老蔡也满脸笑容地说道。

"这个吗，很专业，容我慢慢道来。"

"首先，你支付的捐赠是哪年的收入？是今年的收入，还是去年的收入。"老李面带坏笑地说道，"税法规定分不清楚，就不能抵扣。"

"这我哪里知道，我家远房亲戚的女儿今年中考考了全县第一名，为感谢这所学校的培育，捐给这所学校3万元。学校的会计说，这个可以抵个人所得税，但远房亲戚单位的会计分不清，有的说能抵，有的说不能抵。因此就来问我了。"

我们这才了解了这笔捐赠的来历。

"再来看看，你是哪家出的单据。"

"是县教育局的啊。小明你来说说，这个县教育局到底够不够格。"李总账将问题抛给我。

我哪里知道老李的坏心眼，想了想，一五一十地回答："根据财税〔2008〕160号文件里第二条的规定，是可以的。"

老蔡听完点点头。

"哈哈，你看我们的小明，开玩笑都这么老实。"

显然我刚才没有理解李总账那颗要调侃老蔡的心。现在，我觉得应该配合一下他。

"老蔡，这个只能抵30%吧。"我带着坏笑说道。

"啊，才30%啊，人家也是做好事嘛，国家有点小气了。"

"对啊，根据《中华人民共和国个人所得税法实施条例》第十九条规定：**个人所得税法第六条第三款所称个人将其所得对教育、扶贫、济困等公益慈善事业进行捐赠，是指个人将其所得通过中国境内的公益性社会组织、国家机关向教育、扶贫、济困等公益慈善事业的捐赠；所称应纳税所得额，是指计算扣除捐赠额之前的应纳税所得额。**

《中华人民共和国个人所得税法》第六条还规定：**个人将其所得对教育、扶贫、济困等公益慈善事业进行捐赠，捐赠额未超过纳税人申报的应纳税所得额百分之三十的部分，可以从其应纳税所得额中扣除；国务院规定对公益慈善事业捐赠实行全额税前扣除的，从其规定。**

"你看，没错吧，你捐款给学校应属于教育事业，因此只有30%的比例。"老蔡看我一本正经地说着，有点信以为真了。看他的样子觉得有点失望了。

"而且，现在对什么是教育事业没有明确的文件规定，你这个连30%也难说。"我借势又补了一刀。

李总账坏坏地向我竖起了大拇指，显然，我和李总账算得上是配合默契了。

这时，老安从赵总的办公室回来了。

"什么事啊，大家这么高兴。"老安说道。

"是一张捐赠票据，个人所得税的事情。"老蔡见老安进来，还不死心想最终确认一下。

"噢，捐赠的，我看看。"老安扶了扶眼镜。

"嗯，捐赠人是个人的。"

"通过国家机关。县教育局属于县级以上人民政府及其组成部门和直属机构，没有问题。"

"捐赠的对象是中学，属于农村义务教育，《财政部 国家税务总局关于纳税人向农村义务教育捐赠有关所得税政策的通知》（财税〔2001〕103号）规定：

一、企事业单位、社会团体和个人等社会力量通过非营利的社会团体和国家机关向农村义务教育的捐赠，准予在缴纳企业所得税和个人所得税前的所得额中全额扣除。

二、本通知所称农村义务教育的范围,是指政府和社会力量举办的农村乡镇（不含县和县级市政府所在地的镇）、村的小学和初中以及属于这一阶段的特殊教育学校。纳税人对农村义务教育与高中在一起的学校的捐赠,也享受本通知规定的所得税前扣除政策。"

"这个政策也正好能对上,也没有问题。还可以全额扣除。"

"啊,能全额扣除啊。"老蔡面露喜色。

"但小明刚才说的,只能扣除申报的应纳税所得额30%的部分。"

"哈哈,他是和你开玩笑的,30%是一般的规定,对农村义务教育有明确的文件就是全额可以扣除,属于特别规定。目前,全额扣除的对象,包括公益性青少年活动场所,教育事业,福利性、非营业利性的老年服务机构,红十字事业,农村义务教育五类项目。"

"小明同学,下次不带你去吃老北京有名的小吃了。"老蔡开玩笑地说道。

"时间也是今年,票据也是省级财政部门统一印（监）制的捐赠票据,并加盖了接受捐赠单位的财务专用印章。嗯,这个也没有问题。"

"你这个可以扣,而且是全额。你可以肯定地告诉你的亲戚了。"老安肯定道。

"这个不难的,我和你说一个四步法就可以了。你以后也可以自己判断。"老安热心地补充道。

"第一步,看你向什么机构捐赠,如果是通过'社会团体',该团体须是依据国务院发布的《基金会管理条例》和《社会团体登记管理条例》的规定,经民政部门依法登记并符合《财政部 国家税务总局 民政部关于公益性捐赠税前扣除有关问题的通知》（财税〔2008〕160号）相关文件规定的公益性社会团体。为了保证捐赠的规范性,每年国家有关部门都会对这些单位进行审核，只有通过审核的，才能有这个资格。并下发文件，让大家知晓。

如果是通过是国家机关捐赠的，则根据财税〔2008〕160号文的规定，国家机关是指县级（含县级，下同）以上人民政府及其组成部门和直属机构。再根据《财政部 国家税务总局 民政部关于公益性捐赠税前扣除有关问题的补充通知》（财税〔2010〕45号）第一条的规定，县级以上人民政府及其组成部门和直属机构的公益性捐赠税前扣除资格不需要认定。所以和上面所讲的'社会团体'不一样，不需要每年认定扣除资格。

第二步，看捐赠的内容。根据《中华人民共和国个人所得税法》第六条规定：**个人将其所得对教育、扶贫、济困等公益慈善事业进行捐赠，捐赠额未超过纳税人申报的应纳税所得额百分之三十的部分，可以从其应纳税所得额中扣除；国务院规定对公益慈善事业捐赠实行全额税前扣除的，从其规定。**

《中华人民共和国个人所得税法实施条例》第十九条对这一条进一步进行了说明，文件规定：**个人所得税法第六条第三款所称个人将其所得对教育、扶贫、济困等公益慈善事业进行捐赠，是指个人将其所得通过中国境内的公益性社会组织、国家机关向教育、扶贫、济困等公益慈善事业的捐赠；所称应纳税所得额，是指计算扣除捐赠额之前的应纳税所得额。**

那么什么是公益事业的捐赠支出？《财政部 国家税务总局 民政部关于公益性捐赠税前扣除有关问题的通知》（财税〔2008〕160号）规定，公益事业的捐赠支出是指《中华人民共和国公益事业捐赠法》规定的向公益事业的捐赠支出，具体范围包括：

（一）救助灾害、救济贫困、扶助残疾人等困难的社会群体和个人的活动。

（二）教育、科学、文化、卫生、体育事业。

（三）环境保护、社会公共设施建设。

（四）促进社会发展和进步的其他社会公共和福利事业。

根据捐赠的内容，现在有 30% 限额扣的，有全额可以扣的。要实际情况实际分析。

第三步，看取得的票据是否合规。《财政部 国家税务总局 民政部关于公益性捐赠税前扣除有关问题的补充通知》（财税〔2010〕45 号）规定：

对于通过公益性社会团体发生的公益性捐赠支出，企业或个人应提供省级以上（含省级）财政部门印制并加盖接受捐赠单位印章的公益性捐赠票据，或加盖接受捐赠单位印章的《非税收入一般缴款书》收据联，方可按规定进行税前扣除。

第四步，捐赠的收益期要匹配。《国家税务总局关于个人捐赠后申请退还已缴纳个人所得税问题的批复》（国税函〔2004〕865 号）规定：**根据《中华人民共和国个人所得税法》及其实施条例的有关规定和立法精神，允许个人在税前扣除的对教育事业和其他公益事业的捐赠，其捐赠资金应属于其纳税申报期当期的应纳税所得；当期扣除不完的捐赠余额，不得转到其他应税所得项目以及以后纳税申报期的应纳税所得中继续扣除，也不允许将当期捐赠在属于以前纳税申报期的应纳税所得中追溯扣除。"**

"意思就是说，你当期的捐赠要与当期的收入匹配。当期可以理解为一个申报期，或是一年。现在个人所得税不是也年度汇算清缴了吗？"

Chapter Three
第三章
个人所得税的喜与忧

"噢，怪不得，刚才老李和我说是今年的那堆收入还是去年那堆收入的问题。原来真是有时间要求的。"

"是的。老李不过是风趣了一点。"老安说道，"掌握了以上四步，关于捐赠的个人所得税处理一般没有什么大问题了。"

老蔡听完，满意地点点头。

大家看着老蔡的样子也都笑了。

快乐的时间总是过得很快，不经意间到了12月初了，我和同事相处得十分融洽，老李和老蔡也开始准备公司新春晚会上的小节目了。我关注的几个财税微信群也是十分热闹，什么六项扣除、预扣预缴，新名词不断。可老安的表现却是十分淡定。我让他有空和我们讲讲《新个人所得税法》的内容。他老是一句："文件没出齐，不好讲。"

很快，元旦过后的一天，老安突然在微信群中宣布："各位同事，考虑到2018年8月31日全国人大通过的《中华人民共和国个人所得税法》现加上现在出的配套文件，对原税法的改动很大，对集团未来财税工作将产生很大的影响。我安排从今天开始至1月8日，召开为期两天的新《个人所得税法》的学习讨论会。各子公司财务经理与税务会计安排好手中的工作必须参加，其他对税收有兴趣的同事欢迎参加。为照顾到南京、上海、广州的各子公司财务同事，本次学习将以视频同步的形式进行。由我准备课件并主讲。大家做好准备工作。现场课录像与PPT课件，由人力资源部门整理后放入公司网站，大家凭员工工号与密码访问，随时可以学习。"

微信群中出现一阵骚动，大家抱怨还没有从出报表的紧张中缓解过来，就又要学习了。

老安懂得大家的心情，马上提示道："节后去泰国旅游的事，大家也别忘记了！"

群中又是一阵骚动，一下子充满正能量，经理们个个都像打了鸡血似地表态。

"这个老安哪儿像个搞财务的，倒像个搞人力资源的，很会调动大家情绪嘛！"我心中暗想。

看着微信群中老安的通知，感觉他信心满满，也不谦虚。我就更有兴趣了解老安的背景了。我通过私下向同事打听得知，老安原来是国际四大事务所之一的德勤税务师事务所在北京的一位项目经理。后来对税务行业入门的我才知道，"四大"当中税务最牛的就是德勤了。

第四章 Chapter Four
个人所得税的大时代——新《个人所得税法》学习会纪实

1月8日上午,我以集团公司税务会计的身份参加第一天的新《个人所得税法》及配套文件的学习,学习地点安排在集团公司六楼的多媒体会议中心,在北京周围地区的几家分公司的财务经理和税务会计都来参加了。自从老安来了以后,大家还是第一次聚在一起学习,平时只是电话、微信联系,第一次有这样的学习机会,很是热闹。每人手头有一份刚打印出来的新《个人所得税法》及相关的配套文件,加上老安整理的相关资料,足足有一小本。

学习马上开始了。

"大家静一下,从今天开始,我们准备用两天的时间讲述一下新《个人所得税法》及其配套文件,相关的实务运用也将在这次学习会上讲,大家一定要注意学习,这次个人所得税改革具有里程碑的意义。有的同事会问,外面培训机构早就开始讲新《个人所得税法》了,为什么我们到现在才开始,一个主要的原因就是当时配套文件还没有出来,许多事情没法细讲。现在文件基本出齐,我这次讲授不再局限于《个人所得税法》,我会对《个人所得税法》、《个人所得税法实施条例》及配套文件进行穿插讲解。"

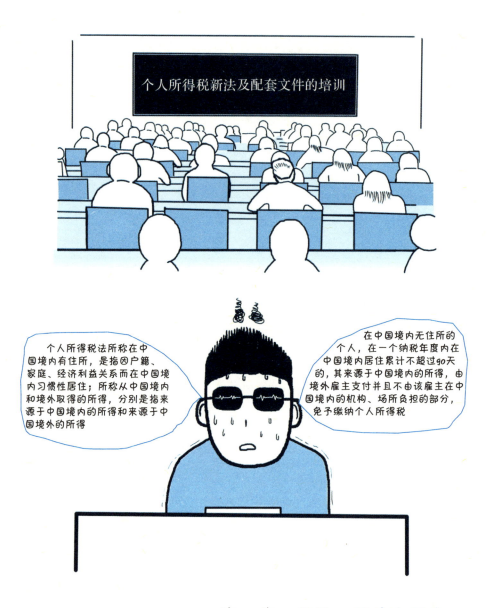

第一节 居民？居委会民众？

首先映入眼帘的 PPT 不是常规路数，不从新《个人所得税法》第一条讲起，而是一幅新《个人所得税法》全文结构图。老安果然不走寻常

Chapter Four
第四章
个人所得税的大时代——新《个人所得税法》学习会纪实

路,不是一上来就讲第一条。

"大家可以看一下,2018 年 8 月 31 日全国人大通过的新《个人所得税法》共 22 条,核心是以下六条(见图 4-1)。"

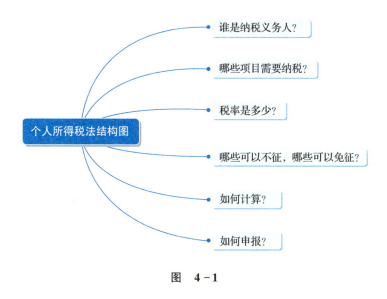

图 4-1

"大家先看结构图。学习、认知事物,先宏观、再微观。两天的学习讨论结束后,我会有一个小案例给大家操练,最起码简单的计算要会,当然还要考试,我知道大家一提考试就紧张。哈哈!"

"学习我以引导式为主,大家多讨论。"

"接着我们按新《个人所得税法》的顺序先学第一条,首先问大家,什么是居民?"

大屏幕上的 PPT 有大大的四个字"啥是居民?"

"《个人所得税法》第一条规定,**在中国境内有住所,或者无住所而一个纳税年度内在中国境内居住累计满一百八十三天的个人,为居民个人。居民个人从中国境内和境外取得的所得,依照本法规定缴纳个人所得税。**"

"**在中国境内无住所又不居住,或者无住所而一个纳税年度内在中国境内居住累计不满一百八十三天的个人,为非居民个人。非居民个人从中国境内取得的所得，依照本法规定缴纳个人所得税。"

"由此可见，居民和非居民税收待遇是完全不同的。"老安一口气讲了不少。

哈哈，我在没有学习个人所得税之前，常听税收人士大谈什么居民什么非居民，当时以为是居委会的居民，真是笑晕了。

"累计居住满一百八十三天好理解，但什么是中国境内有住所呢。"老安继续讲解到。

"《个人所得税法实施条例》第二条明确规定，**个人所得税法所称在中国境内有住所，是指因户籍、家庭、经济利益关系而在中国境内习惯性居住**。"

"那么什么是习惯性居住呢。《国家税务总局关于印发〈征收个人所得税若干问题的规定〉的通知》（国税发〔1994〕89号）明确指出，所谓习惯性居住，是判定纳税义务人是居民或非居民的一个法律意义上的标准，不是指实际居住或在某一个特定时期内的居住地。如因学习、工作、探亲、旅游等而在中国境外居住的，在其原因消除之后，必须回到中国境内居住的个人，则中国即为该纳税人习惯性居住地。"

接着，老安的附件资料中清楚地用图形（见图4-2）列示出所谓的居民的含义。

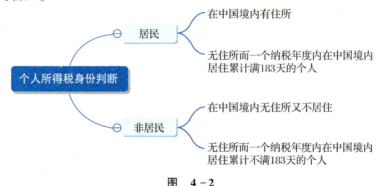

图 4-2

第四章
个人所得税的大时代——新《个人所得税法》学习会纪实

"简单地说,就是户籍所在地,大家知道这层就可以了,我们不是搞学术研究,没有必要钻研得那么深。"

"居民概念是本次新《个人所得税法》第一次明确提出的概念,在以前历次的修法中都没有体现出来。这一点要引起大家的注意。"

"那区分居民与非居民有什么意义?"台下有同事问。

显然大家的学习兴趣被调动起来了。

"问得好,我们来看下一张PPT(见图4-3)。你们也可以看到第一条的后半句话。"

"居民个人从中国境内和境外取得的所得,依照本法规定缴纳个人所得税。"

"非居民个人从中国境内取得的所得,依照本法规定缴纳个人所得税。"

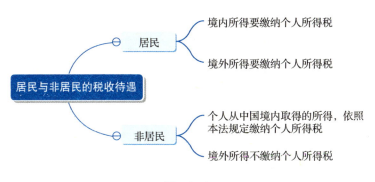

图 4-3

《个人所得税法实施条例》第四条指出,**在中国境内无住所的个人,在中国境内居住累计满183天的年度连续不满六年的,经向主管税务机关备案,其来源于中国境外且由境外单位或者个人支付的所得,免予缴纳个人所得税;在中国境内居住累计满183天的任一年度中有一次离境超过30天的,其在中国境内居住累计满183天的年度的连续年限重新起算。**

"接着第五条强调指出,在中国境内无住所的个人,在一个纳税年度内在中国境内居住累计不超过90天的,其来源于中国境内的所得,由境外雇主支付并且不由该雇主在中国境内的机构、场所负担的部分,免予缴纳个人所得税。"

"大家是不是看得一头雾水了,我准备了一张表格(见表4-1),大家只要记住哪些人员如何纳税就可以了。"

表 4-1

项目		非居民		居民		
		无住所又不居住、无住所而一个纳税年度内在境内居住累计不满183天		无住所而一个纳税年度内在境内居住累计满183天		境内有住所
		境内居住累计不超过90天的	超过90天	不满六年	满六年	
境内所得	境内支付	纳税	纳税	纳税	纳税	纳税
	境外支付	不纳税	纳税	纳税	纳税	纳税
境外所得	境内支付	不纳税	不纳税	纳税	纳税	纳税
	境外支付	不纳税	不纳税	不纳税	纳税	纳税

"大家看PPT能不能明白?"老安指着屏幕问道。

"嗯,这个很清楚,一眼就看明白了。"

"对,就是税收待遇不一样。"

"大家看看,这句话还有一个关键的地方,就是什么是'境内'什么是'境外'。"

"境内,不就是和中国版图一样吗?在版图外的就是境外。"台下有同事大声地说。

"哈哈,你这个是想当然的结论。"老安大笑道。

"境内,一般指一个国家或地区管辖边界之内的区域,但在中华人民

第四章

个人所得税的大时代——新《个人所得税法》学习会纪实

共和国官方用语中，'境内'特指除中华人民共和国拥有主权的香港特别行政区、澳门特别行政区以及台湾地区之外的中华人民共和国领土。中华人民共和国所有拥有和声明拥有主权的地区统称为'国内'。"

"这下大家都真正理解了吧，这可是第一条噢。税法可是讲究无一字没有来历的。"

"漂亮！利落！"我心里不由得感叹。

每一个概念都讲来龙去脉，思路清晰。

第二节 原来个人税目这么多

了解了哪些是纳税人，我们还要了解新旧法之间纳税项目的变化，老安一开始就留出5分钟的时间让我们看一张表格（见表4-2）。

表 4-2

旧法11项所得	新法各项所得	备注
1. 工资、薪金所得	1. 工资、薪金所得	四项并称综合所得（3%~45%）
2. 劳务报酬所得	2. 劳务报酬所得	
3. 稿酬所得	3. 稿酬所得	
4. 特许权使用费所得	4. 特许权使用费所得	
5. 承包承租经营所得	5. 经营所得	5%~35%
6. 个体工商户生产经营所得		
7. 利息、股息、红利所得	6. 利息、股息、红利所得	20%
8. 财产租赁所得	7. 财产租赁所得	20%
9. 财产转让所得	8. 财产转让所得	20%
10. 偶然所得	9. 偶然所得	20%
11. 其他所得	10. 消失在历史的长河中	20%

我看到最后一行的"消失在历史的长河中"会心一笑,看来老安还有点小文艺。

表4-2看上去也是吓我一跳,我原以为个人所得税,至多工资算一下就可以了。原来旧《个人所得税法》的税目就有11个,新法合并后也有9个所得税目。这如何记得住,这还只是个人所得税呐,我这个人所得税务会计将来肯定还有其他税种要做啊,看来我的活不轻松,但为了那个财务总监的梦想,我也要拼一下。

为什么备注栏还有一个综合所得?为什么将这四项并称综合所得?这是什么意思?

一串的问题在我的脑中回旋。

"大家有没有从这个表格中看出什么?"老安开了腔。

"为什么要将前四项合并成一个综合所得啊?第五到六项为什么合并成经营所得?我觉得合并项之间没多大联系啊。"台下其他同事问出我心中的疑惑。

"对,这个分法有点渊源。我们先来看一个文件。下面是这个文件的部分内容"

国家税务总局关于明确残疾人所得征免个人所得税范围的批复
国税函〔1999〕329号

《关于如何确定残疾人所得征免个人所得税的范围的请示》收悉。经研究,现批复如下:

根据《中华人民共和国个人所得税法》(以下简称税法)第五条第一款及其实施条例第十六条的规定,经省级人民政府批准可减征个人所得税的残疾、孤老人员和烈属的所得仅限于劳动所得,具体所得项目为:工资、薪金所得;个体工商户的生产经营所得;对企事业单位的承包经营、承租经营所得;劳务报酬所得;稿酬所得;特许权使用费所得。

Chapter Four
第四章
个人所得税的大时代——新《个人所得税法》学习会纪实

"大家有没有注意到这个文件，它将我们表 4 – 2 中的六个项目即"工资、薪金所得""个体工商户的生产经营所得""对企事业单位的承包经营、承租经营所得""劳务报酬所得""稿酬所得""特许权使用费所得"中的"个体工商户的生产经营所得""对企事业单位的承包经营、承租经营所得"合并成一项"经营所得"，这样就形成五项进行分档税率管理的税收管理体制，对这五项给予了重新的分类就是"劳动所得"。而我比较喜欢称其为积极劳动所得，并以此从个人所得税中与其他五项区别开来，其他五项收入，除偶然所得的四项与均与资产性收入有关，我喜欢称其为消极劳动所得。"

"这样这次个人所得税改革将收入清晰地划分为两大块，劳动所得与非劳动所得，这个划分意义深远。"

"为了让大家记住什么是积极劳动所得，我通俗一点说就是靠上班挣钱所得，消极劳动所得就是靠投资挣钱。我这么说只是让大家好记，并非严谨的解释。"

"这两种分类有一个特点，积极劳动所得的税率是最高的。特别是广受大家诟病的现在合称的'综合所得'最高可达 45%，而消极劳动所得税率雷打不动都是 20%，这也是原来个人所得税被称为'穷人税'或是'杀贫济富税'的重要原因之一。"

"举一个简单的例子。甲、乙两个人都是收入 100 万元，甲是高级经理属工资薪金所得，税率 45%，乙是老板大股东拿的是分红 100 万元，税率是 20%，二者税率相差 25%。甲的税收负担明显超过乙。"

"合并劳动所得项目，适用同一税目，是由分类税制跨向以家庭为课税对象综合税制的重要一步，当然以目前的信息化水平，不可能一步到达，还有个过程。但是我们走出了重要的一步。这是本次个人所得税改革，我认为最大的亮点之一。将来的一个趋势也是放宽对劳动所得的税收征管,加强非劳动所得的税收征管。"

"完成合并后,这些税率级距的加宽,将会大幅降低中低收入者的税负。"

"可是我们看到最高税率还是45%啊。"台下有人提问道。

"对,最高税率虽然还是45%,但中低收入者的收入级距在明显加大,这个就是接下来我们要专门讲的一个专题。上午大家都有点累了,学习先到这里。下午继续。"

第三节 小变动,大优惠

第一天下午的课讲税率的调整,这是经常被大家忽视的一个问题,大多数人的注意力都集中到了所谓"起征点"的调整上了。为了能让大家更清楚地看到税率的变化,老安将新老税率直接做一个并列的比较表。首先比较的是综合所得税率(见表4-3)。

表 4-3

级数	原税法税率			新税法税率		
	月应纳税所得	税率%	速扣除数	月应纳税所得	税率	速扣除数
1	不超过1 500元	3	0	不超过3 000元	3	0
2	超过1 500~4 500元	10	105	超过3 000~12 000元	10	210
3	超过4 500~9 000元	20	555	超过12 000~25 000元	20	1 410
4	超过9 000~35 000元	25	1 005	超过25 000~35 000元	25	2 660
5	超过35 000~55 000元	30	2 755	超过35 000~55 000元	30	4 410
6	超过55 000~80 000元	35	5 505	超过55 000~80 000元	35	7 160
7	超过80 000元	45	13 505	超过80 000元	45	15 160

第四章
个人所得税的大时代——新《个人所得税法》学习会纪实

我们借用网上两张税率的比较图（见图4-4、图4-5），可以很清楚地看到，20%以下税率级差明显比原来加大，而从25%开始到以上税率级差没有变动，可见这次改革是中低收入者的福音。

"对，这个我们从这几个月的工资核算中就明显地感觉出来了，原来我们一个月的个人所得税要缴纳5万元，现在每个月只有1万多元。"台下的赵经理深有感触地说。

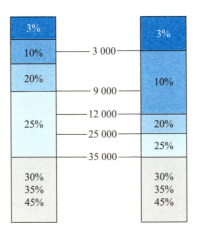

图 4-4

"那么还有一张税率表，也就是经营所得税率表呢？"台下有同事问道。

"表4-4为经营所得新旧税率比较表。"

表 4-4

级数	原税率级距	税率(%)	现税率级距	税率(%)
1	不超过15 000元的	5	不超过30 000元的	5
2	超过15 000元至30 000元的部分	10	超过30 000元至90 000元的部分	10
3	超过30 000元至60 000元的部分	20	超过90 000元至300 000元的部分	20

（续）

级数	原税率级距	税率（%）	现税率级距	税率（%）
4	超过60 000元至100 000元的部分	30	超过300 000元至500 000元的部分	30
5	超过100 000元的部分	35	超过500 000元的部分	35

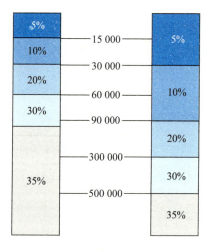

图 4-5

"我们能很明显地看到，现在的10%、20%、30%的税率已明显地'侵入'到原来的20%~35%的地盘，可见税率下降明显，广大中低收入者受益更多。有图有真相，无须我多言。接下来我讲一下时下最火的话题：六个专项附加扣除及实务运用。这个话题火到不讲这个就好像不懂税的地步。"

"哈哈！"台下发出一阵笑声，大家这下子更加有精神了。因为现在公司里好多段子就是从这个六项附加扣除里来的。比如"离婚筹划说""认养干儿子筹划说"。

Chapter Four
第四章
个人所得税的大时代——新《个人所得税法》学习会纪实

第四节　六项扣除规定多

"六项扣除想必大家都很熟悉了，可是来源那两个文件，认真读过三遍以上的有没有，大家举手看看。"老安说着自己带头举起了手。

我也读过四遍了，我肯定可以举手啊。我心里想着。

我也举起了手，结果转头一看，台下没一个举手的，那个难堪啊，将来我也要低调一点，还好还好，只有这个会场的人知道我出了糗事。

不对，不对，这是现场直播，整个集团的财务都看着呐，哎呀，老安啊，你害死我了，让我们举什么手呀，40多人在一起听课，台下就我一个举手。老蔡，这段视频必须要掐掉，要是让整个集团的人看到，那更没脸见人了。我的脑子一下子像经过了一万件事，空白了一阵子。

"嗯，梁小明同志不错。"老安显然看出我的尴尬，先是表扬我一下，转而对台下说："嗯，和我想象得差不多，大家大都是看朋友圈得到的支离破碎的信息吧。"

台下发出一阵会心的笑。

"在这里我想说一句，如果想在学习上有所成就，那就一定要有自己的思维，不要人云亦云。都有空去看什么50问、100问，还有110问，有这个时间早将原文件看完了，这是学习方法问题。你得到的都是别人加工过的信息，不是自己的想法。有些还容易让人走入歧途。不说别的，就说我碰到的两个问题。

我有一个朋友问，听说现在信息提交之后，一年内不能更改啊？我说谁说的啊，要分情况啊，有的信息有变动，可以随时提交更改啊，比如小孩子的学籍信息等，而如果是两地取得工资收入确定一地扣除专项附加扣除，这是一年内不能变更的。

我朋友又说：'听说现在房租是跨省才能抵扣，不跨省不能抵扣。'我说你哪来的信息啊。

他说朋友圈都在这么传啊，大家都是这样讨论的。"

"我又一时无语。"老安说道。

"现在我们转入正题。在以下的讲解中我会引用大段的文件原文，原文件的文字最洗练，任何的加工都是多余的。好了，讲了这么多，无非是让大家有一个正确的学习方法。"老安话锋一转。

大家若有所思地点了点头。

"六项专项附加扣除来源于两个文件，分别是国发〔2018〕41号（以下称41号文），国家税务总局2018年第60号公告（以下称60号公告）。我有必要带着大家将文件过一次，我分项讲，大家分项提问题，顺便将如何填表也讲了，大家一定要认真听了，有问题当场提出，我当场解答。现在有员工填表碰到问题了，作为各子公司的财务负责人和税务会计，你们有责任向员工普法。"

一、子女教育

"先讲第一项子女教育。41号文规定：

第五条 纳税人的子女接受全日制学历教育的相关支出，按照每个子女每月1000元的标准定额扣除。

学历教育包括义务教育（小学、初中教育）、高中阶段教育（普通高中、中等职业、技工教育）、高等教育（大学专科、大学本科、硕士研究生、博士研究生教育）。

第四章
个人所得税的大时代——新《个人所得税法》学习会纪实

年满3岁至小学入学前处于学前教育阶段的子女，按本条第一款规定执行。

第六条　父母可以选择由其中一方按扣除标准的100%扣除，也可以选择由双方分别按扣除标准的50%扣除，具体扣除方式在一个纳税年度内不能变更。

第七条　纳税人子女在中国境外接受教育的，纳税人应当留存境外学校录取通知书、留学签证等相关教育的证明资料备查。"

"60公告第三条第（一）项明确指出：**子女教育。学前教育阶段，为子女年满3周岁当月至小学入学前一月。学历教育，为子女接受全日制学历教育入学的当月至全日制学历教育结束的当月。**"

"第十二条进一步指出：**纳税人享受子女教育专项附加扣除，应当填报配偶及子女的姓名、身份证件类型及号码、子女当前受教育阶段及起止时间、子女就读学校以及本人与配偶之间扣除分配比例等信息。**

纳税人需要留存备查资料包括：子女在境外接受教育的，应当留存境外学校录取通知书、留学签证等境外教育佐证资料。"

"好，上表样，填表格（见表4-5）。"

"哪些能扣，扣的比例和方法，扣的额度，表要填什么资料，留什么资料。一目了然吧。"

"下面我以自己为例，将自己的信息填上，大家跟着我过一遍。当然了，私密信息我打上叉，只是教大家如何填。文件通俗易懂，填表难度也不高。在实际工作中，我们都用手机APP填写，内容一模一样。在这里为了展示方便，我们用表格形式讲解。

基本信息：如表4-6所示，我有两个孩子，一个在上高中，根据政策每月可以享受子女教育扣除1 000元，另一个孩子到2019年4月才满3周岁，现在在上幼儿园，他到2019年4月才可以每月扣除1 000元。

表 4-5 专项附加扣除信息采集表——子女教育支出

政策适用条件:

1. 有子女符合以下两个条件之一:(1)扣除年度有子女满 3 岁且处于小学入学前阶段。(2)扣除年度有子女正接受全日制学历教育。
2. 同一子女的父亲和母亲扣除比例合计不超过 100%。

不符合上述条件者请勿填写本页,否则可能导致政策适用错误,影响个人纳税信用甚至违反税收法律。

序号	*子女姓名	*身份证件类型	*身份证件号码	*出生日期	*国籍(地区)	*当前受教育阶段	*当前阶段起始时间	当前受教育阶段结束时间	教育终止时间	*当前就读国家(地区)	*当前就读学校	*本人扣除比例
填写子女姓名		选择:居民身份证、中国护照、港澳居民来往内地通行证、港澳居民居住证、台湾居民来往大陆通行证、台湾居民居住证、外国护照、外国人永久居留身份证、其他个人证件	若身份证件为居民身份证,请输入 15 位或 18 位身份证号码	与身份证件一致	选择:国籍(地区)名称	选择:学前教育阶段 义务教育 高中阶段教育 高等教育(同一子女,当前受教育阶段只能采集 1 条)	格式为:年-月,如:2019-01	格式为:年-月,如:2019-01	格式为:年-月,如:2019-01(子女因就业或其他原因不再继续接受全日制学历教育时填写,否则请勿填写。从教育终止时间次月起,不能再享受该子女的此项扣除。)	选择:国籍(地区)名称 1.填写当前受教育阶段就读国家(地区)。同一教育阶段内变更的,不用变更为变更后的国家(地区)。2.学前教育阶段可填写子女的国籍(地区)	1.填写当前受教育阶段的学校名称。同一教育阶段内变更学校的,不用分两行填写,可修改学校为变更后的学校。2.学前教育阶段可填写接受学前教育的机构名称或者"无"。	选择:50% 100% [同一子女在一个纳税年度内本人扣除比例不得变更。该项由本人(填报人)享受全部的,选择 100%;约定由子女的父母分别扣除的,选择 50%;同一子女的该项扣除合计不能超过 100%]
2												

第四章
个人所得税的大时代——新《个人所得税法》学习会纪实

表 4-6 专项附加扣除信息采集表——子女教育支出

政策适用条件：

1. 有子女符合以下两个条件之一：
   (1) 扣除年度有子女满 3 岁且处于小学入学前阶段。
   (2) 扣除年度有子女正接受全日制学历教育。
2. 同一子女的父亲和母亲扣除比例合计不超过 100%。

不符合上述条件者请勿填写本页，否则可能导致政策适用错误，影响个人纳税信用甚至违反税收法律。

序号	*子女姓名	*身份证件类型	*身份证件号码	*出生日期	*国籍（地区）	*当前受教育阶段	*当前受教育阶段起始时间	*当前受教育阶段结束时间	教育终止时间	*当前就读国家（地区）	*当前就读学校	*本人扣除比例
1	×××	居民身份证	××××××××××××××××	2013/07/01	中国	高中阶段教育	2018/09			中国	北京××中学	100%
2	×××	居民身份证	××××××××××××××××	2016/04/02	中国	学前教育阶段	2019/02			中国	北京××幼儿园	100%

很清楚了吧,大家还有什么问题,现在都可以提出来。"

二、继续教育支出

41号文第八条规定:纳税人在中国境内接受学历(学位)继续教育的支出,在学历(学位)教育期间按照每月400元定额扣除。同一学历(学位)继续教育的扣除期限不能超过48个月。纳税人接受技能人员职业资格继续教育、专业技术人员职业资格继续教育的支出,在取得相关证书的当年,按照3600元定额扣除。

第九条 个人接受本科及以下学历(学位)继续教育,符合本办法规定扣除条件的,可以选择由其父母扣除,也可以选择由本人扣除。

第十条 纳税人接受技能人员职业资格继续教育、专业技术人员职业资格继续教育的,应当留存相关证书等资料备查。

60号公告第三条第(二)项明确指出:"继续教育。学历(学位)继续教育,为在中国境内接受学历(学位)继续教育入学的当月至学历(学位)继续教育结束的当月,同一学历(学位)继续教育的扣除期限最长不得超过48个月。技能人员职业资格继续教育、专业技术人员职业资格继续教育,为取得相关证书的当年。"

60号公告第十三条进一步明确:"纳税人享受继续教育专项附加扣除,接受学历(学位)继续教育的,应当填报教育起止时间、教育阶段等信息;接受技能人员或者专业技术人员职业资格继续教育的,应当填报证书名称、证书编号、发证机关、发证(批准)时间等信息。

纳税人需要留存备查资料包括:纳税人接受技能人员职业资格继续教育、专业技术人员职业资格继续教育的,应当留存职业资格相关证书等资料。"

专项附加扣除信息采集表如表4-7所示。

Chapter Four
第四章
个人所得税的大时代——新《个人所得税法》学习会纪实

表 4-7 专项附加扣除信息采集表——继续教育支出

学历（学位）继续教育政策适用条件：
1. 扣除年度内在中国境内接受学历（学位）继续教育。

职业资格继续教育政策适用条件：
1. 扣除年度取得职业资格或者专业技术人员职业资格相关证书。

不符合上述条件者请勿填写本页，否则可能导致政策适用错误，影响个人纳税信用甚至违反税收法律。

学历（学位）继续教育

序号	*当前继续教育起始时间	*（预计）当前继续教育结束时间	*教育阶段	——	——
1	格式为：年-月，如：2019-01	输入大于[当前继续教育起始时间]的日期，格式为：年-月，如：2019-09	选择：专科 本科 硕士研究生 博士研究生 其他	——	——

职业资格继续教育

序号	*继续教育类型	*发证（批准）日期	*证书名称	*证书编号	*发证机关
1	选择：技能人员职业资格 专业技术人员职业资格	格式为：年-月-日，如：2019-01-01	选择证书名称	填写证书编号	填写发证机关
2					

基本信息：我还在进修税务学硕士，为期两年，从 2018 年 12 月开始，符合学历（学位）继续教育条件，每月可以扣除 400 元。表格填写如表 4-8 所示。

表 4-8

学历（学位）继续教育

序号	*当前继续教育起始时间	*（预计）当前继续教育结束时间	*教育阶段	——	——
1	2018-07	2020-09	硕士研究生	——	——
2					
3					
4					

"职业资格继续教育我就不举例子了,我的注册会计师、注册税务师证书都取得快十年了,没赶上好时候啊。"老安打趣道。

"注意一下,关于取得证书的当年。有人会问,那我取得证书后不是每年也有继续教育吗,这个也能扣除3 600元吗?哈哈,你想多了,你试着填一下也可以,不过是填不了的,资格证书里都有选项。"

"所以啊听各种五花八门的传说,不如认认真真读一次原文,试填一下表格,就什么事都解决了,看原文才是快速、高效的方法。"

三、住房贷款利息

41号文规定:"**第十四条**　纳税人本人或者配偶单独或者共同使用商业银行或者住房公积金个人住房贷款为本人或者其配偶购买中国境内住房,发生的首套住房贷款利息支出,在实际发生贷款利息的年度,按照每月1 000元的标准定额扣除,扣除期限最长不超过240个月。纳税人只能享受一次首套住房贷款的利息扣除。

本办法所称首套住房贷款是指购买住房享受首套住房贷款利率的住房贷款。

第十五条　经夫妻双方约定,可以选择由其中一方扣除,具体扣除方式在一个纳税年度内不能变更。

夫妻双方婚前分别购买住房发生的首套住房贷款,其贷款利息支出,婚后可以选择其中一套购买的住房,由购买方按扣除标准的100%扣除,也可以由夫妻双方对各自购买的住房分别按扣除标准的50%扣除,具体扣除方式在一个纳税年度内不能变更。

第十六条　纳税人应当留存住房贷款合同、贷款还款支出凭证备查。

第四章
个人所得税的大时代——新《个人所得税法》学习会纪实

表 4-9 专项附加扣除信息采集表——住房贷款利息支出

政策适用条件：
1. 本人或者配偶购买的中国境内住房。
2. 属于首套住房贷款（可咨询贷款银行），且扣除年度仍在还贷。
3. 住房租金支出和住房贷款利息支出未同时扣除。

不符合上述条件者请勿填写本页，否则可能导致政策适用错误，影响个人纳税信用甚至违反税收法律。
已填写住房租金支出信息的请勿填写本页，否则可能导致信息导入失败，无法享受该政策。

*房屋坐落地址	请填写房屋的详细地址，如：×省×市×区县×小区×栋×单元×号		
*本人是否借款人	选择： 是 否	*房屋证书类型	选择： 房屋所有权证 不动产权证 房屋买卖合同 房屋预售合同	*房屋证书号码	填写 房屋证书号码	是否婚前各自首套贷款，且婚后按50%分别扣除	选择： 是 否 （夫妻双方婚前分别购房并均为首套贷款，婚后选择双方均享受该项扣除的，选择"是"）

序号	*贷款类型	贷款银行	*贷款合同编号	*首次还款日期	*贷款期限（月数）
1	选择： 公积金贷款 商业贷款 组合贷款的，分两行 分别填写商业贷款和 房公积金贷款）	（公积金贷款此项不填，贷款类型为"商业贷款"时，贷款银行必填，请填写总行名称，如"中国银行"）	填写 贷款合同编号	格式为：年-月-日 如：2019-01-01	（请输入大于0的整数。按合同约定还款月数填写，如果提前结清贷款，填写实际还款月数）
2					

065

60号公告第三条第（四）项规定：**住房贷款利息。为贷款合同约定开始还款的当月至贷款全部归还或贷款合同终止的当月，扣除期限最长不得超过240个月。**

第十四条进一步明确：**纳税人享受住房贷款利息专项附加扣除，应当填报住房权属信息、住房坐落地址、贷款方式、贷款银行、贷款合同编号、贷款期限、首次还款日期等信息；纳税人有配偶的，填写配偶姓名、身份证件类型及号码。**

纳税人需要留存备查资料包括：住房贷款合同、贷款还款支出凭证等资料。

"继续上表格（见表4-9）。"

基本信息：我在三环有一套房子，符合首套购房条件，每月可以扣除房贷利息1 000元，没有减免收入及减免税额等其他情况。购房采用商业贷款和公积金贷款组合，因此分成两行填写。（见表4-10）

四、住房租金支出

41号文规定：**第十七条　纳税人在主要工作城市没有自有住房而发生的住房租金支出，可以按照以下标准定额扣除：**

（一）直辖市、省会（首府）城市、计划单列市以及国务院确定的其他城市，扣除标准为每月1500元；

（二）除第一项所列城市以外，市辖区户籍人口超过100万的城市，扣除标准为每月1100元；市辖区户籍人口不超过100万的城市，扣除标准为每月800元。

纳税人的配偶在纳税人的主要工作城市有自有住房的，视同纳税人在主要工作城市有自有住房。

第四章

个人所得税的大时代——新《个人所得税法》学习会纪实

表 4-10 专项附加扣除信息采集表——住房贷款利息支出

政策适用条件：
1. 本人或者配偶购买的中国境内住房。
2. 属于首套住房贷款（可咨询贷款银行），且扣除年度仍在还贷。
3. 住房租金支出和住房贷款利息支出未同时扣除。

不符合上述条件者请勿填写本页，否则可能导致政策适用错误，影响个人纳税信用甚至违反税收法律。
已填写住房租金支出信息的请勿填写本页，否则可能导致信息录入失败，无法享受政策。

*房屋坐落地址	北京市××区××小区××号××楼			
*本人是否借款人	是	*房屋证书类型	房屋所有权证	*房屋证书号码	001002	是否婚前各自首套贷款，且婚后分别扣除50%	否
序号	*贷款类型	贷款银行	*贷款合同编号	*首次还款日期	*贷款期限（月数）
1	商业贷款	中国银行	003004	2014/05/01	180
2	公积金贷款	中国工商银行	003578	2014/05/01	180

注：组合贷款的，分两行分别填写商业贷款和住房公积金贷款。

市辖区户籍人口，以国家统计局公布的数据为准。

第十八条　本办法所称主要工作城市是指纳税人任职受雇的直辖市、计划单列市、副省级城市、地级市（地区、州、盟）全部行政区域范围；纳税人无任职受雇单位的，为受理其综合所得汇算清缴的税务机关所在城市。

夫妻双方主要工作城市相同的，只能由一方扣除住房租金支出。

第十九条　住房租金支出由签订租赁住房合同的承租人扣除。

第二十条　纳税人及其配偶在一个纳税年度内不能同时分别享受住房贷款利息和住房租金专项附加扣除。

第二十一条　纳税人应当留存住房租赁合同、协议等有关资料备查。

60号公告第三条第（五）项规定：住房租金。为租赁合同（协议）约定的房屋租赁期开始的当月至租赁期结束的当月。提前终止合同（协议）的，以实际租赁期限为准。

第十五条继续指出：纳税人享受住房租金专项附加扣除，应当填报主要工作城市、租赁住房坐落地址、出租人姓名及身份证件类型和号码或者出租方单位名称及纳税人识别号（社会统一信用代码）、租赁起止时间等信息；纳税人有配偶的，填写配偶姓名、身份证件类型及号码。

纳税人需要留存备查资料包括：住房租赁合同或协议等资料。

"住房租金我只列表格（见表4-11），我不符合条件，但是政策要说一下。"安总接着讲解道。

五、赡养老人

41号文规定：第二十二条　纳税人赡养一位及以上被赡养人的赡养支出，统一按照以下标准定额扣除：

（一）纳税人为独生子女的，按照每月**2000**元的标准定额扣除；

第四章
个人所得税的大时代——新《个人所得税法》学习会纪实

表 4-11 专项附加扣除信息采集表——住房租金支出

政策适用条件：
1. 本人及配偶在主要工作城市无自有住房。
2. 本人及配偶扣除年度未扣除住房贷款利息支出。
3. 本人及配偶主要工作城市相同的，该扣除年度配偶未享受过住房租金支出扣除。

不符合上述条件者请勿填写本页，否则可能导致政策适用错误，影响个人纳税信用甚至违反税收法律。
已填写住房贷款利息支出信息的请勿填写本页，否则可能导致信息导入失败，无法享受政策。

序号	*主要工作省份	*主要工作城市	出租方信息			*住房坐落地址	租赁信息		
			*类型	*出租方姓名（组织名称）	出租方证件类型	*身份证件号码（统一社会信用代码）		住房租赁合同编号	*租赁期起	*租赁期止
	选择：省份	（在扣缴义务人处办理该专项扣除的，填写主要工作任职受雇单位所在的城市）	选择：个人 组织 （出租方的选择"个人"否则选择"组织"）	若类型为个人，输入姓名；若类型为组织，输入组织名称	选择：居民身份证 中国护照 港澳居民来往内地通行证 台湾居民来往大陆通行证 台湾居民居住证 外国护照 外国人永久居留身份证 外国人工作许可证（A类、B类、C类） 其他个人证件	若类型为个人，则输入身份证件类型为居民身份证件，请输入15位或18位身份证件号码；若类型为组织，则输入统一社会信用代码	请填写房屋的详细地址，如：×省×市×区县×小区×栋×单元×号	填写住房租赁合同编号（非必填）	格式为：年-月，如：2019-01 （不同的住房租金信息的租赁期起不允许交叉）	格式为：年-月，如：2019-01 （不同的住房租金信息的租赁期止不允许交叉）
1										
2										

069

（二）纳税人为非独生子女的，由其与兄弟姐妹分摊每月 2 000 元的扣除额度，每人分摊的额度不能超过每月 1 000 元。可以由赡养人均摊或者约定分摊，也可以由被赡养人指定分摊。约定或者指定分摊的须签订书面分摊协议，指定分摊优先于约定分摊。具体分摊方式和额度在一个纳税年度内不能变更。

第二十三条　本办法所称被赡养人是指年满 60 岁的父母，以及子女均已去世的年满 60 岁的祖父母、外祖父母。

60 号公告第三条第（六）项明确指出：**赡养老人**。为被赡养人年满 60 周岁的当月至赡养义务终止的年末。

第十六条明确：纳税人享受赡养老人专项附加扣除，应当填报纳税人是否为独生子女、月扣除金额、被赡养人姓名及身份证件类型和号码、与纳税人关系；有共同赡养人的，需填报分摊方式、共同赡养人姓名及身份证件类型和号码等信息。

纳税人需要留存备查资料包括：约定或指定分摊的书面分摊协议等资料。

赡养老人支出专项附加扣除信息采集表如表 4 – 12 所示。

"我的双亲都在，我们兄弟姐妹三人，按照约定，我分摊得到每月赡养老人费用 1 000 元的扣除额（见表 4 – 13）。"

六、大病医疗

41 号文规定：第十一条　在一个纳税年度内，纳税人发生的与基本医保相关的医药费用支出，扣除医保报销后个人负担（指医保目录范围内的自付部分）累计超过 15 000 元的部分，由纳税人在办理年度汇算清缴时，在 80 000 元限额内据实扣除。

第四章

个人所得税的大时代——新《个人所得税法》学习会纪实

表4-12 专项附加扣除信息采集表——赡养老人支出

政策适用条件：
1. 扣除年度有一位被赡养人年满60（含）岁（被赡养人包括：①父母；②子女均已去世的祖父母或外祖父母）。
2. 纳税人为非独生子女，且属于赡养人约定分摊的或被赡养人指定分摊的，需已经签订书面分摊协议。

不符合上述条件者请勿填写本页，否则可能导致政策适用错误，影响个人纳税信用基至违反税收法律。

*是否独生子女	选择： 是 否				

被赡养人信息

序号		*姓名	*身份证件类型	*身份证件号码	分摊方式	*本年度月扣除金额
1	填写被赡养人姓名		选择： 居民身份证 中国护照 港澳居民来往内地通行证 港澳居民居民居住证 台湾居民来往大陆通行证 台湾居民居民居住证 外国护照 外国人永久居留身份证 外国人工作许可证（A类、B类、C类） 其他个人证件	若身份证件类型为居民身份证，请输入15位或18位身份证件号码	选择： 赡养人平均分摊 赡养人约定分摊 被赡养人指定分摊	独生子女默认为2000，不可修改；非独生子女不得超过1000
2						

	*国籍（地区）	*关系	*出生日期
	选择： 国籍（地区）名称	选择： 父母 其他	格式为： 年-月-日，如： 1950-01-02

(续)

共同赡养人信息

序号	姓名	身份证件类型	身份证件号码	国籍（地区）
		选择： 居民身份证 中国护照 港澳居民来往内地通行证 港澳居民居住证 台湾居民来往大陆通行证 台湾居民居住证 外国护照 外国人永久居留身份证 外国人工作许可证（A类、B类、C类） 其他个人证件	若身份证件类型为居民身份证，请输入15位或18位身份证件号码	选择： 国籍（地区）名称
1	填写 共同赡养人姓名			
2		—	—	—

Chapter Four
第四章
个人所得税的大时代——新《个人所得税法》学习会纪实

表 4-13 专项附加扣除信息采集表——赡养老人支出

政策适用条件：
1. 扣除年度有一位被赡养人年满60（含）岁（被赡养人包括：①父母；②子女均已去世的祖父母或外祖父母）。
2. 纳税人为非独生子女，且属于赡养人约定分摊的或被赡养人指定分摊的，需已经签订书面分摊协议。

不符合上述条件者请勿填写本页，否则可能导致政策适用错误，影响个人纳税信用甚至违反税收法律。

* 是否独生子女：否

被赡养人信息

序号	*姓名	*身份证件类型	*身份证件号码	赡养人约定分摊	*国籍（地区）	*关系	*本年度月扣除金额	*出生日期
1	×××	居民身份证	××××××××××××××××		中国	父母	1 000.00	××××
2	×××	居民身份证	××××××××××××××××		中国	父母		××××
3								
4								

共同赡养人信息

序号	姓名	身份证件类型	身份证件号码		国籍（地区）			
1	×××	居民身份证	××××××××××××××××		中国			
2	×××	居民身份证	××××××××××××××××		中国			
3								
4								

第十二条　纳税人发生的医药费用支出可以选择由本人或者其配偶扣除；未成年子女发生的医药费用支出可以选择由其父母一方扣除。

纳税人及其配偶、未成年子女发生的医药费用支出，按本办法第十一条规定分别计算扣除额。

第十三条　纳税人应当留存医药服务收费及医保报销相关票据原件（或者复印件）等资料备查。医疗保障部门应当向患者提供在医疗保障信息系统记录的本人年度医药费用信息查询服务。

60号公告第三条第（三）项指出：**大病医疗。为医疗保障信息系统记录的医药费用实际支出的当年。**

60号公告第十七条明确了填写要点：**纳税人享受大病医疗专项附加扣除，应当填报患者姓名、身份证件类型及号码、与纳税人关系、与基本医保相关的医药费用总金额、医保目录范围内个人负担的自付金额等信息。**

纳税人需要留存备查资料包括：**大病患者医药服务收费及医保报销相关票据原件或复印件，或者医疗保障部门出具的纳税年度医药费用清单等资料。**

"好了，这一讲下来，大家都理解得差不多了吧，休息一下，大家有点累了吧。"

"安总，表格是不是忘记上了啊？"台下有人议论。

"哈哈，这个可是次年汇缴时享受的！是不是习惯上表格了？"

"好了，今天的课就到这里。明天讲预扣预缴也是很烧脑的。"

"我总结了一张表格（见表4-14），一会儿发在微信群里，表格看起来更清楚，现在下课。"

第四章
个人所得税的大时代——新《个人所得税法》学习会纪实

表 4-14

扣除项目	扣除范围	扣除标准	限额/定额	年	月	扣除方式	是否需要相关资料
子女教育	子女学前教育：3岁至小学入学前	每个子女每年12 000元	定额	12 000元	1 000元	父母各扣50%；经父母约定可由一方扣100%；一个纳税年度内不能变更	无
	子女学历教育：小、初、高、中专、大专、本、硕、博						
继续教育	学历教育期间	每年4 800元	定额	4 800元	400元	选择本人按继续教育扣除	无
	学历教育期间	每年12 000元	定额	12 000元	1 000元	选择父母按子女教育支出扣除	
	职业教育支出：取得证书的年度	每年3 600元	定额	3 600元		本人扣除	
大病医疗	社会医疗保险管理信息系统记录个人负担超过15 000元	限额据实扣除	限额	80 000元		纳税人办理汇算清缴时扣除	医疗服务收费相关票据原始（复印件）
住房贷款利息	本人或配偶使用商业银行或公积金为本人或配偶购买住房发生的首套房利息支出	每年12 000元	定额	12 000元	1 000元	经夫妻双方约定，可以选择其中一方扣除；一个纳税年度内不得变更	住房贷款合同，贷款还款支出凭证

(续)

扣除项目	扣除范围	扣除标准				扣除方式	是否需要相关资料
		扣除标准	限额/定额	年	月		
住房租金	纳税人本人及配偶在主要工作城市没有住房，而在主要工作城市租赁住房发生的租金支出	分城市类型，扣除标准不同	定额	18 000元	1 500元	夫妻工作城市相同，一方扣除；夫妻工作城市不同，分别扣除。纳税人及其配偶不得同时分别享受住房贷款利息专项附加扣除和住房租金专项附加扣除	住房租赁合同
				13 200元	1 100元		
				9 600元	800元		
赡养老人	60岁以上父母及其他法定赡养人	独生子女	定额	24 000元	2 000元	独生子女本人。一个纳税年度内不得变更	
		非独生子女 每年24 000元	定额	24 000元	2 000元	平均分摊、指定分摊、被赡养人与赡养人约定分摊。采取指定分摊协议分摊的，每个纳税人扣除最高不超过12 000元/年(1 000元/月)。指定分摊与约定分摊不一致的，以指定分摊为准	采取指定分摊或约定分摊的，签订书面分摊协议

Chapter Four
第四章
个人所得税的大时代——新《个人所得税法》学习会纪实

第五节 行政部碰到新难题了

第二天一早，大家都早早来到了六楼的多媒体教室，有几个人还抢起了座位，哈哈，大家对老安的课还是比较感兴趣的。

还是老安先开了腔："对于六个专项附加扣除，我们将两个文件关联起来理解，我又分项列了表格，举了例子，相信大家能够掌握了。那大家没有想过一个问题，新修改的《个人所得税法》是以年收入为基础，实行全年汇算清缴，按正常情况第二年大家都要去汇算清缴，这样就会导致两个问题。第一，相信大家都要花很大精力；第二，税务局次年的工作压力也会陡然增大，而且纳税人需预先垫付一部分税金，到次年才能清算。那有什么好的办法来解决这个问题吗？现在我们就来看《国家税务总局关于全面实施新个人所得税法若干征管衔接问题的公告》（国家税务总局公告2018年第56号以下简称56号文件）。"

"这个文件结构很清晰，全文分两大部分，第一，居民纳税人如何进行预扣预缴。第二，非居民如何进行预扣预缴。"

"一步步来，分清楚结构，才能往深处学。我们要学会抽丝剥茧般学习，先掌握文件的框架和脉络，就像苹果树的树干和枝丫，而后面的知识就像枝丫上的一个个苹果，有了枝头，苹果就长得特别牢。

先看工资薪金所得如何操作。大家抬起头来看大屏幕。"

一、工资薪金的计算与申报表的填写

"56号文件规定，（一）扣缴义务人向居民个人支付工资、薪金所得时，应当按照累计预扣法计算预扣税款，并按月办理全员全额扣缴申报。

具体计算公式如下：

本期应预扣预缴税额 =（累计预扣预缴应纳税所得额 × 预扣率 - 速算扣除数）- 累计减免税额 - 累计已预扣预缴税额

累计预扣预缴应纳税所得额 = 累计收入 - 累计免税收入 - 累计减除费用 - 累计专项扣除 - 累计专项附加扣除 - 累计依法确定的其他扣除

其中：累计减除费用，按照 5 000 元/月乘以纳税人当年截至本月在本单位的任职受雇月份数计算。"

看文字有点晕，就以我为例子吧。

【例 1】 假定 2019 年我每月应发工资均为 35 000 元（不考虑次年绩效），每月减除费用 5 000 元，"三险一金"等专项扣除为 4 800 元，其他条件如下：

子女教育：从上节内容可知我有两个孩子，一个在上高中，根据政策每月可以享受子女教育扣除 1 000 元；另一个孩子到 2019 年的 4 月才满 3 周岁，现在在上幼儿园，他到 2019 年 4 月才可以每月扣除 1 000 元。

赡养老人：双亲都在，有三个兄弟姐妹，根据兄弟姐妹们的约定，我分摊得到每月赡养老人费用 1 000 元的扣除额。

学历（学位）继续教育：我自己还在进修税务学硕士，为期两年，从 2018 年 7 月开始，符合学历（学位）继续教育条件，每月可以扣除 400 元。

住房贷款利息：我在三环有一套房子，符合首套购房条件，每月可以扣除房贷利息 1 000 元，假定没有减免收入及减免税额等其他情况。

以国家税务总局发布的申报表为例，我们试着填写我一年的工资薪金所得申报表（见表 4-15）。在实际中申报表是一个月的，现在为了让大家更清晰，我将 12 个月做到了一起。一起来看样表。

对照着公式，先来看第一个月，讲百次公式不如填一次表格（页面所限，表 4-15 仅是部分有内容的表格。）

第四章

个人所得税的大时代——新《个人所得税法》学习会纪实

表 4-15 个人所得税扣缴申报表

税款所属期：2019年1月1日至2019年12月31日
扣缴义务人名称：安总
扣缴义务人纳税人识别号（统一社会信用代码）：××××××××××××××××××

序号	姓名	身份证件类型	身份证件号码	纳税人识别号	是否为非居民个人	所得项目	收入额计算				本月(次)情况										累计情况（工资、薪金）									应纳税所得额	税率/预扣率	速算扣除数	税款计算				备注
											专项扣除				其他扣除									累计专项附加扣除										应纳税额	减免税额	已扣缴税额	应补(退)税	
							收入	费用	免税收入	减除费用	基本养老保险费	基本医疗保险费	失业保险费	住房公积金	年金	商业健康保险	税延养老保险	财产原值	允许扣除的税费	其他	累计收入额	累计减除费用	累计专项扣除	子女教育	赡养老人	住房贷款利息	住房租金	继续教育	累计其他扣除								
1	2	3	4	5	6	7	8	9	10	11	12	13	14	15	16	17	18	19	20	21	22	23	24	25	26	27	28	29	30	33	34	35	36	37	38	39	40
1	安总	身份证	×××	×××	否	工资	3 500	0	0	5 000	2 800	800	200	1 000	0	0	0	0	0	0	35 000	5 000	4 800	1 000	1 000	1 000	0	400	0	21 800	3%		654	0	0	654	

假定我的工资收入是35 000元，基本减除费用是5 000元（这是文件规定），专项扣除基本养老保险2 800元、基本医疗800元、失业保险200元、住房公积金1 000元合计是4 800元，专项附加扣除是子女教育1 000元，赡养老人方面我与兄弟姐妹分得1 000元，住房贷款利息符合条件扣除1 000元，继续教育每月可扣除400元，这样累计可以扣除的专项附加为3 400元。计算如下，注意了不要走神。

应纳税所得额计算如下

应纳税所得额 = 35 000 - 5 000 - 4 800 - 3 400 = 21 800（元），对照预扣预缴税率表（见表4-16）：

表 4-16

级数	累计预扣预缴应纳税所得额	预扣率（%）	速算扣除数
1	不超过36 000元的部分	3	0
2	超过36 000元至144 000元的部分	10	2 520
3	超过144 000元至300 000元的部分	20	16 920
4	超过300 000元至420 000元的部分	25	31 920
5	超过420 000元至660 000元的部分	30	52 920
6	超过660 000元至960 000元的部分	35	85 920
7	超过960 000元的部分	45	181 920

21 800元属于3%这一档，计算如下：21 800 × 3% - 0 = 654（元）。填在第36列。我们已扣缴税额为0，因此应缴数为654元。填在第39列。

接着第二个月（页面所限，表4-17仅是部分有内容的表格。）

第四章

个人所得税的大时代——新《个人所得税法》学习会纪实

税款所属期：2019年1月1日至2019年12月31日

扣缴义务人名称：安总

扣缴义务人纳税人识别号（统一社会信用代码）：××××××××××××××××××

表 4-17 个人所得税扣缴申报表

序号	姓名	身份证件类型	身份证件号码	纳税人识别号	是否为非居民个人	所得项目	收入额计算			减除费用	专项扣除				其他扣除					累计情况（工资、薪金）			累计专项附加扣除					累计其他扣除	应纳税所得额	税率/预扣率	速算扣除数	税款计算			备注
							收入	费用	免税收入		基本养老保险费	基本医疗保险费	失业保险费	住房公积金	年金	商业健康保险	税延养老保险	财产原值	允许扣除的税费	其他	累计收入额	累计减除费用	累计专项扣除	子女教育	赡养老人	住房贷款利息	住房租金	继续教育					应纳税额	减免税额	已扣缴税额	应补(退)税	
1	2	3	4	5	6	7	8	9	10	11	12	13	14	15	16	17	18	19	20	21	22	23	24	25	26	27	28	29	30	33	34	35	36	37	38	39	40
1	安总	身份证	×××	×××	否	工资	35000	0	0	5000	2800	800	200	1000	0	0	0	0	0	0	35000	5000	4800	1000	1000	1000	0	400	0	21800	3%	0	654	0	654	0	
2	安总	身份证	×××	×××	否	工资	35000	0	0	5000	2800	800	200	1000	0	0	0	0	0	0	70000	10000	9600	2000	2000	2000	0	800	0	43600	10%	2520	1840	0	654	1186	

第 8～21 列不变，第 22 列数据为累计数，35 000 + 35 000 = 70 000（元）。第 23 列到 29 列都是依次累加。我们计算一下第二个月的应纳税所得额。

应纳税所得额 = 70 000 - 10 000 - 9 600 - 2 000 - 2 000 - 2 000 - 800 = 43 600（元）。对照税率表（见表 4-16）适用 10% 的税率。

应纳税额 = 43 600 × 10% - 2 520 = 1 840（元）

注意了，我们应交 1 840 元，我们上月已交 654 元，1 840 - 654 = 1 186（元）。

"依次类推……一直到 12 月，大家明白了，现在计算个人所得税，相当于每月一次的小汇算清缴。我展现一个全年的（见表 4-18）。"

"大家有没有注意到一个规律，随着累计收入的提高，纳税额适用渐渐提高的税率。所以啊，工薪阶层们花钱要省着，个人的收入会呈现前高后低的局面。这也是实行这个计算方法后出现的新现象。"

"大家看看还有没有发现什么？"安总问道。

"安总，为什么你在 4 月后子女教育，突然是每个月 2 000 元累加了，是不是搞错了？"台下有同事提出疑问。

"哈哈，你忘记我上堂课讲的条件了吗，看一下表格是如何填的，我有一个孩子到 2019 年 4 月才满 3 周岁，因此我在 4 月就可以享受 2000 元的子女教育扣除了，注意了一定要将这堂课和上堂课的内容联系起来。如何填表，如何计算，很重要，毕竟工资薪金的计算，相对复杂一点。"

二、劳务报酬所得计算与申报表的填写

"文件规定，**劳务报酬所得、稿酬所得、特许权使用费所得以收入减除费用后的余额为收入额。其中，稿酬所得的收入额减按百分之七十计算。**

第四章

个人所得税的大时代——新《个人所得税法》学习会纪实

表 4-18 个人所得税扣缴申报表

税款所属期：2019年1月1日至2019年12月31日

扣缴义务人名称：安总

扣缴义务人纳税人识别号（统一社会信用代码）：××××××××××××××××

金额单位：人民币元（列至角分）

序号	姓名	身份证件类型	身份证件号码	纳税人识别号	是否为非居民个人	所得项目	收入额计算					本月（次）情况						其他扣除				累计情况（工资、薪金）										税款计算					备注
							收入	费用	免税收入	减除费用	专项扣除					基本养老保险费	基本医疗保险费	失业保险费	住房公积金	年金	商业健康保险	税延养老保险	财产原值	允许扣除的税费	其他	累计收入额	累计减除费用	累计专项扣除	累计专项附加扣除						累计其他扣除	应纳所得额	税率/预扣率	速算扣除数	应纳税额	减免税额	已扣缴税额	应补（退）税额	
																													子女教育	赡养老人	住房贷款利息	住房租金	继续教育									
1	2	3	4	5	6	7	8	9	10	11	12	13	14	15	16	17	18	19	20	21	22	23	24	25	26	27	28	29	30	33	34	35	36	37	38	39	40
1	安总	身份证	××	××	否	工资	35000	0	0	5000	2800	800	200	1000	0	0	0	0	0	0	35000	5000	4800	1000	1000	1000	0	400	0	21800	3%	0	654	0	0	654	
2	安总	身份证	××	××	否	工资	35000	0	0	5000	2800	800	200	1000	0	0	0	0	0	0	70000	10000	9600	2000	2000	2000	0	800	0	43600	10%	2520	1840	0	654	1186	
3	安总	身份证	××	××	否	工资	35000	0	0	5000	2800	800	200	1000	0	0	0	0	0	0	105000	15000	14400	3000	3000	3000	0	1200	0	65400	10%	2520	4020	0	1840	2180	
4	安总	身份证	××	××	否	工资	35000	0	0	5000	2800	800	200	1000	0	0	0	0	0	0	140000	20000	19200	4000	4000	4000	0	1600	0	86200	10%	2520	6100	0	4020	2080	
5	安总	身份证	××	××	否	工资	35000	0	0	5000	2800	800	200	1000	0	0	0	0	0	0	175000	25000	24000	5000	5000	5000	0	2000	0	107000	10%	2520	8180	0	6100	2080	
6	安总	身份证	××	××	否	工资	35000	0	0	5000	2800	800	200	1000	0	0	0	0	0	0	210000	30000	28800	6000	6000	6000	0	2400	0	127800	10%	2520	10260	0	8180	2080	
7	安总	身份证	××	××	否	工资	35000	0	0	5000	2800	800	200	1000	0	0	0	0	0	0	245000	35000	33600	7000	7000	7000	0	2800	0	148600	20%	16920	12800	0	10260	2540	
8	安总	身份证	××	××	否	工资	35000	0	0	5000	2800	800	200	1000	0	0	0	0	0	0	280000	40000	38400	8000	8000	8000	0	3200	0	169400	20%	16920	16960	0	12800	4180	

083

（续）

税款所属期：2019年1月1日至2019年12月31日

扣缴义务人名称：安总

扣缴义务人纳税人识别号（统一社会信用代码）：××××××××××××××××

金额单位：人民币元（列至角分）

序号	姓名	身份证件类型	身份证件号码	纳税人识别号	是否非居民个人	所得项目	收入额计算			减除费用	专项扣除				其他扣除						累计情况（工资、薪金）				累计专项附加扣除					税款计算						备注
							收入	费用	免税收入		基本养老保险费	基本医疗保险费	失业保险费	住房公积金	年金	商业健康保险	税延养老保险	财产原值	允许扣除的税费	其他	累计收入额	累计减除费用	累计专项扣除	子女教育	赡养老人	住房贷款利息	住房租金	继续教育	累计其他扣除	应纳税所得额	税率/预扣率	速算扣除数	应纳税额	减免税额	已扣缴税额	应补（退）税	
1	2	3	4	5	6	7	8	9	10	11	12	13	14	15	16	17	18	19	20	21	22	23	24	25	26	27	28	29	30	33	34	35	36	37	38	39	40
9	安总	身份证	××	××	否	工资	35000	0	0	5000	2800	800	200	1000	0	0	0	0	0	0	315000	45000	43200	15000	9000	9000	0	3600	0	190200	20%	16920	21120	0	16960	4160	
10	安总	身份证	××	××	否	工资	35000	0	0	5000	2800	800	200	1000	0	0	0	0	0	0	350000	50000	48000	17000	10000	10000	0	4000	0	211000	20%	16920	25280	0	21120	4180	
11	安总	身份证	××	××	否	工资	35000	0	0	5000	2800	800	200	1000	0	0	0	0	0	0	385000	55000	52800	19000	11000	11000	0	4400	0	231800	20%	16920	29440	0	25280	4160	
12	安总	身份证	××	××	否	工资	35000	0	0	5000	2800	800	200	1000	0	0	0	0	0	0	420000	60000	57600	21000	12000	12000	0	4800	0	252600	20%	16920	33600	0	29440	4160	
	合计						4E+05	0	0	60000	33600	9600	2400	12000	0	0	0	0	0	0	-	-	-	-	-	-	-	-	-	-		-	-	-	-	-	

谨声明：本扣缴申报表是根据国家税收法律法规及相关规定填报的，是真实的、可靠的、完整的。

代理机构签章：

扣缴义务人（签章）：

代理机构统一社会信用代码：

年　月　日

第四章
个人所得税的大时代——新《个人所得税法》学习会纪实

减除费用：劳务报酬所得、稿酬所得、特许权使用费所得每次收入不超过四千元的，减除费用按八百元计算；每次收入四千元以上的，减除费用按百分之二十计算。"

【例2】假定张某分别在2019年的1月、2月、3月应北京方圆财税培训有限公司的邀请举办了三期的个人所得税讲座，收到给付的劳务费分别为2.5万元、3万元、3.2万元。则这三笔所得应预扣预缴税额计算过程为：

1月收入额

$$25\,000 - 25\,000 \times 20\% = 20\,000（元）$$

$$应预扣预缴税额 = 20\,000 \times 20\% = 4\,000（元）$$

2月收入额

$$30\,000 - 30\,000 \times 20\% = 24\,000（元）$$

$$应预扣预缴税额 = 24\,000 \times 30\% - 2\,000 = 5\,200（元）$$

3月收入额

$$32\,000 - 32\,000 \times 20\% = 25\,600（元）$$

$$应预扣预缴税额 = 25\,600 \times 30\% - 2\,000 = 5\,680（元）$$

填写扣缴申报表，如表4-19所示。

表 4-19　个人所得税扣缴申报表

税款所属期：2019年1月1日至2019年3月31日

扣缴义务人名称：张某

扣缴义务人纳税人识别号：（统一社会信用代码）：×××××××××××××××××

金额单位：人民币元（列至角分）

序号	姓名	身份证件类型	身份证件号码	纳税人识别号	是否为非居民个人	所得项目	本月（次）情况				专项扣除				累计情况（工资、薪金）					准予扣除的捐赠额	税款计算					备注
							收入额计算			减除费用	基本养老保险费	基本医疗保险费	失业保险费	住房公积金	子女教育	赡养老人	住房贷款利息	继续教育	累计其他扣除		应纳税所得额	税率/预扣率	速算扣除数	应纳税额	减免税额	已扣缴税额	应补（退）税额	
							收入	费用	免税收入										按计税比例减除									
1	2	3	4	5	6	7	8	9	10	11	12	13	14	15	25	26	27	28	29	30	31	32	33	34	35	36	37	38	39	40
1	张某	身份证	××××××	××××××		劳务报酬	25 000	5 000															20 000	20%	0	4 000		0	4 000	
2	张某	身份证	××××××	××××××		劳务报酬	30 000	6 000															24 000	30%	2 000	6 200		0	5 200	
3	张某	身份证	××××××	××××××		劳务报酬	32 000	6 400															25 600	30%	2 000	5 680		0	5 680	
合计							87 000	17 400	0	0	0	0	0	0	—	—	—	—	—	—	—	—	—	—	—	—	—	14 880	

谨声明：本扣缴申报表是根据国家税收法律法规及相关规定填报的，是真实的、可靠的、完整的。

扣缴义务人（签章）：

代理机构签章：

代理机构统一社会信用代码：

经办人签字：

经办人身份证件号码：

年　　月

大家注意一下,第9列的费用为收入的20%。根据国家税务总局公告2018年第56号的规定,税率表如表4-20所示。

表 4-20

级数	预扣预缴应纳税所得额	预扣率(%)	速算扣除数
1	不超过20 000元的	20	0
2	超过20 000元至50 000元的部分	30	2 000
3	超过50 000元的部分	40	7 000

三、稿酬所得计算与申报表的填写

【例3】 沿用例2的资料,假定张某的三期讲座讲课效果很好,应出版社约稿,张某的新书《新个人所得税一本通》在2019年7月出版,收到稿费3万元。

$$收入额 = (30\,000 - 30\,000 \times 20\%) \times 70\% = 16\,800(元)$$
$$应预扣预缴税额 = 16\,800 \times 20\% = 3\,360(元)$$

填写个人所得税扣缴申报表,如表4-21所示。

【例4】 沿用例3的资料,税务杂志社对张某的书又进行了连载,2009年11月张某又收到稿费10 000元。

$$收入额 = (10\,000 - 10\,000 \times 20\%) \times 70\% = 5\,600(元)$$
$$应预扣预缴税额 = 5\,600 \times 20\% = 1\,120(元)$$

填写个人所得税扣缴申报表,如表4-22所示。

表 4-21 个人所得税扣缴申报表

税款所属期：2019年7月1日至2019年7月31日

扣缴义务人名称：张某

扣缴义务人纳税人识别号（统一社会信用代码）：×××××××××××××××××××

金额单位：人民币元（列至角分）

序号	姓名	身份证件类型	身份证件号码	纳税人识别号	是否为非居民个人	所得项目	本月（次）情况									累计情况（工资、薪金）							税款计算						备注
							收入额计算			减除费用	专项扣除				累计其他扣除	累计专项附加扣除					准予扣除的捐赠额	应纳税所得额	税率/预扣率	速算扣除数	应纳税额	减免税额	已扣缴税额	应补（退）税额	
							收入	费用	免税收入		基本养老保险费	基本医疗保险费	失业保险费	住房公积金		子女教育	赡养老人	住房贷款利息	住房租金	继续教育									
1	2	3	4	5	6	7	8	9	10	11	12	13	14	15	25	26	27	28	29	30	31	32	33	34	35	36	37	38	39	40
1	张某	身份证	××××××	××××		稿酬所得	30 000	6 000	0							0	0	0	0	0	0	70%	16 800	20%	0	3 360	0	0	3 360	
合计							30 000	6 000	0	0	0	0	0	0	0	0	0	0	0	0	0	16 800	0.2	0	3 360	0	0	3 360	

谨声明：本扣缴申报表是根据国家税收法律法规及相关规定填报的，是真实的、可靠的、完整的。

扣缴义务人（签章）：   年

代理机构签章：

代理机构统一社会信用代码：

经办人签字：

经办人身份证件号码：

第四章
个人所得税的大时代——新《个人所得税法》学习会纪实

表 4-22 个人所得税扣缴申报表

税款所属期：2019年7月1日至2019年7月31日

扣缴义务人名称：张某

扣缴义务人纳税人识别号（统一社会信用代码）：××××××××××××××××××

金额单位：人民币元（列至角分）

序号	姓名	身份证件类型	身份证件号码	纳税人识别号	是否为非居民个人	所得项目	收入额计算			本月（次）情况							累计情况（工资、薪金）						准予扣除的捐赠额	税款计算						备注
							收入	费用	免税收入	减除费用	基本养老保险费	基本医疗保险费	失业保险费	住房公积金	累计专项扣除	子女教育	赡养老人	住房贷款利息	住房租金	继续教育	累计其他扣除	减按计税比例	应纳税所得额	税率/预扣率	速算扣除数	应纳税额	减免税额	已扣缴税额	应补（退）税额	
1	2	3	4	5	6	7	8	9	10	11	12	13	14	15	24	25	26	27	28	29	30	31	32	33	34	35	36	37	38	39	40
1	张某	身份证	××××××	××××		稿酬所得	10 000	2 000															70%	5 600	20%	0	1 120	0	0	1 120	
合计							10 000	2 000	0	0	0	0	0	0	0	0	0	0	0	0	0	0.7	5 600	0.2	0	1 120	0	0	1 120	

谨声明：本扣缴申报表是根据国家税收法律法规及相关规定填报的，是真实的、可靠的、完整的。

扣缴义务人（签章）：　　　年　月　日

代理机构签章：

代理机构统一社会信用代码：

经办人签字：

经办人身份证件号码：

四、非居民工资薪金、劳务报酬所得,稿酬所得和特许权使用费的计算与申报表的填写

文件规定:扣缴义务人向非居民个人支付工资、薪金所得,劳务报酬所得,稿酬所得和特许权使用费所得时,应当按以下方法按月或者按次代扣代缴个人所得税:

非居民个人的工资、薪金所得,以每月收入额减除费用五千元后的余额为应纳税所得额;劳务报酬所得、稿酬所得、特许权使用费所得,以每次收入额为应纳税所得额,适用按月换算后的非居民个人月度税率表计算应纳税额。其中,劳务报酬所得、稿酬所得、特许权使用费所得以收入减除百分之二十的费用后的余额为收入额。稿酬所得的收入额减按百分之七十计算。

非居民个人工资、薪金所得,劳务报酬所得,稿酬所得,特许权使用费所得应纳税额=应纳税所得额×税率-速算扣除数。

接着上例子。

【例5】假定非居民纳税人杰克,2019年1月在中国取得的工资收入为15 000元。非居民适用表4-23所示的税率。

表 4-23

级数	应纳税所得额	税率(%)	速算扣除数
1	不超过3 000元的	3	0
2	超过3 000元至12 000元的部分	10	210
3	超过12 000元至25 000元的部分	20	1 410
4	超过25 000元至35 000元的部分	25	2 660
5	超过35 000元至55 000元的部分	30	4 410
6	超过55 000元至80 000元的部分	35	7 160
7	超过80 000元的部分	45	15 160

计算过程：

$$应纳税所得额 = 15\,000 - 5\,000 = 10\,000（元）$$

$$应预扣预缴税额 = 10\,000 \times 10\% - 210 = 790（元）$$

填写个人所得税扣缴申报表，如表 4-24 所示。

【例6】 假定非居民纳税人汤姆，2019年3月份在中国取得的劳务报酬收入为 36 000 元。非居民适用上表所列税率。

计算过程：

应纳税所得额 = 36 000 - 36 000 × 20% = 28 800（元）

应预扣预缴税额 = 28 800 × 25% - 2 660 = 4 540（元）

填写个人所得税扣缴申报表，如表 4-25 所示。

【例7】 假定非居民纳税人约翰，2019年9月在中国取得的稿酬收入为 25 000 元。非居民适用表 4-23 的税率。

计算过程：

收入额 = (25 000 - 25 000 × 20%) × 70% = 14 000（元）

应预扣预缴税额 = 14 000 × 20% - 1 410 = 1 390（元）

填写个人所得税扣缴申报表，如表 4-26 所示。

总结一下我们今天上午的学习内容。大家对预扣预缴有了一个基本的认识，根据这个计算方法我们公司的工资计算系统要进行升级才行。我在开课第一节讲的个人所得税内容还有那个个人所得税法结构图（见图 4-1），我们再回顾一下。

表 4-24 个人所得税扣缴申报表

税款所属期：2019年1月1日至2019年1月31日

扣缴义务人名称：杰克

扣缴义务人纳税人识别号（统一社会信用代码）：××××××××××××××××××

金额单位：人民币元（列至角分）

序号	姓名	身份证件类型	身份证件号码	纳税人识别号	是否为非居民个人	所得项目	收入额计算			本月（次）情况			专项扣除				累计情况（工资、薪金）									税款计算						备注
							收入	费用	免税收入	减除费用	基本养老保险费	基本医疗保险费	失业保险费	住房公积金	累计收入额	累计减除费用	子女教育	赡养老人	住房贷款利息	住房租金	继续教育	其他扣除	累计应纳税所得额	税率/预扣率	速算扣除数	应纳税额	减免税额	已扣缴税额	应补（退）税	
1	2	3	4	5	6	7	8	9	10	11	12	13	14	15	22	23	25	26	27	28	29	30	33	34	35	36	37	38	39	40
1	杰克	护照	×××××××	××××	否	工资薪金	15 000	0	0	5 000	0	0	0	0	15 000	5 000	0	0	0	0	0	0	10 000	10%	210	790	0	0	790	
	合计						15 000	0	0	5 000	0	0	0	0	15 000	5 000							10 000	0.1	210	790	0	0	790	

谨声明：本扣缴申报表是根据国家税收法律及相关规定填报的，是真实的、可靠的、完整的。

扣缴义务人（签章）：   年 月

代理机构签章：

代理机构统一社会信用代码：

经办人签字：

经办人身份证件号码：

表 4-25　个人所得税扣缴申报表

税款所属期：2019年3月1日至2019年3月31日

扣缴义务人名称：汤姆

扣缴义务人纳税人识别号（统一社会信用代码）：××××××××××××××××

金额单位：人民币元（列至角分）

序号	姓名	身份证件类型	身份证件号码	纳税人识别号	是否为非居民个人	所得项目	本月(次)情况																									税款计算							备注
							收入额计算				专项扣除				累计专项扣除	累计专项附加扣除					累计其他扣除	减按计税的扣除比例	准予扣除的									应纳税所得额	税率	速算扣除数	应纳税额	减免税额	已扣缴税额	应补(退)税	
							收入	费用	免税收入	减除费用	基本养老保险费	基本医疗保险费	失业保险费	住房公积金		子女教育	赡养老人	住房贷款利息	住房租金	继续教育																			
1	2	3	4	5	6	7	8	9	10	11	12	13	14	15	24	25	26	27	28	29	30	31	32									33	34	35	36	37	38	39	40
1	汤姆	护照	××××××	××××	6	劳务报酬	36 000	7 200																								28 800	25%	2 660	4 540		0	4 540	
合计							36 000	7 200	0	0	0	0	0	0	0	0	0	0	0	0	0		0									28 800	0.25	2 660	4 540	0	0	4 540	

谨声明：本扣缴申报表是根据国家税收法律法规及相关规定填报的，是真实的、可靠的、完整的。

扣缴义务人（签章）：　　　　　　　　　　年　月　日

代理机构盖章：

代理机构统一社会信用代码：

经办人签字：

经办人身份证件号码：

表 4-26 个人所得税扣缴申报表

税款所属期：2019年9月1日至2019年9月31日
扣缴义务人名称：约翰
扣缴义务人纳税人识别号（统一社会信用代码）：××××××××××××××××××

金额单位：人民币元（列至角分）

序号	姓名	身份证件类型	身份证件号码	纳税人识别号	是否为非居民个人	所得项目	本月（次）情况									累计情况（工资、薪金）									税款计算						备注
							收入额计算			减除费用	专项扣除				累计专项扣除	累计专项附加扣除					准予扣除的捐赠额	应纳税所得额	税率/预扣率	速算扣除数	应纳税额	减免税额	已扣缴税额	应补（退）税	
							收入	费用	免税收入		基本养老保险费	基本医疗保险费	失业保险费	住房公积金		子女教育	赡养老人	住房贷款利息	住房租金	继续教育	累计其他扣除	减按计税比例								
1	2	3	4	5	6	7	8	9	10	11	12	13	14	15	24	25	26	27	28	29	30	31	32	33	34	35	36	37	38	39	40
1	约翰	护照	xxxxxx	xxxx		稿酬	25 000	5 000	0	0	0	0	0	0	0	0	0	0	0	0	0	70%	0	14 000	20%	1 410	1 390	0	0	1 390	
合计							25 000	5 000	0	0	0	0	0	0	0	0	0	0	0	0	0	0	14 000	0.2	1 410	1 390	0	0	1 390	

谨声明：本扣缴申报表是根据国家税收法律法规及相关规定填报的，是真实的、可靠的、完整的。

扣缴义务人（签章）：   年 月 日

代理机构签章：
代理机构统一社会信用代码：
经办人签字：
经办人身份证件号码：

Chapter Four
第四章
个人所得税的大时代——新《个人所得税法》学习会纪实

在图4-1中，除了第四项和第六项其余内容都讲了。由于第四项涉及的法律文件比较多，我挑时间专门进行讲解。大家先按《个人所得税法》第四条和第五条的规定先掌握。

第四条　下列各项个人所得，免征个人所得税：

（一）省级人民政府、国务院部委和中国人民解放军军以上单位，以及外国组织、国际组织颁发的科学、教育、技术、文化、卫生、体育、环境保护等方面的奖金；

（二）国债和国家发行的金融债券利息；

（三）按照国家统一规定发给的补贴、津贴；

（四）福利费、抚恤金、救济金；

（五）保险赔款；

（六）军人的转业费、复员费、退役金；

（七）按照国家统一规定发给干部、职工的安家费、退职费、基本养老金或者退休费、离休费、离休生活补助费；

（八）依照有关法律规定应予免税的各国驻华使馆、领事馆的外交代表、领事官员和其他人员的所得；

（九）中国政府参加的国际公约、签订的协议中规定免税的所得；

（十）国务院规定的其他免税所得。

前款第（十）项免税规定，由国务院报全国人民代表大会常务委员会备案。

第五条　有下列情形之一的，可以减征个人所得税，具体幅度和期限，由省、自治区、直辖市人民政府规定，并报同级人民代表大会常务委员会备案：

（一）残疾、孤老人员和烈属的所得；

（二）因自然灾害遭受重大损失的。

国务院可以规定其他减税情形，报全国人民代表大会常务委员会备案。

"下面我利用上午余下的时间讲一下申报的具体规定。下午我们还要讲另一个课题。"老安补充道。

《个人所得税法》第十条有下列情形之一的，纳税人应当依法办理纳税申报：

（一）取得综合所得需要办理汇算清缴；

（二）取得应税所得没有扣缴义务人；

（三）取得应税所得，扣缴义务人未扣缴税款；

（四）取得境外所得；

（五）因移居境外注销中国户籍；

（六）非居民个人在中国境内从两处以上取得工资、薪金所得；

（七）国务院规定的其他情形。

扣缴义务人应当按照国家规定办理全员全额扣缴申报，并向纳税人提供其个人所得和已扣缴税款等信息。

第十一条 居民个人取得综合所得，按年计算个人所得税；有扣缴义务人的，由扣缴义务人按月或者按次预扣预缴税款；需要办理汇算清缴的，应当在取得所得的次年三月一日至六月三十日内办理汇算清缴。

非居民个人取得工资、薪金所得，劳务报酬所得，稿酬所得和特许权使用费所得，有扣缴义务人的，由扣缴义务人按月或者按次代扣代缴税款，不办理汇算清缴。

第十二条 纳税人取得经营所得，按年计算个人所得税，由纳税人在月度或者季度终了后十五日内向税务机关报送纳税申报表，并预缴税款；在取得所得的次年三月三十一日前办理汇算清缴。

"简单地说，居民纳税人取得应税所得符合第十条所列条件的，需要

第四章
个人所得税的大时代——新《个人所得税法》学习会纪实

进行年度清缴，时间为次年的三月一日至六月三十日。而非居民纳税人则无须进行汇算清缴。除非你是从两处以上取得工资薪金收入。至于如何进行汇算清缴，我会挑时间进行讲解。大家不要着急。"

"经营所得每年的清缴期为次年的3月31日前，我们一般企业财务不涉及。"

"现在我将预扣预缴的计算讲清楚了，可是在实际当中，行政部操作起来确有一定的难度。整个工资计算表格都要重新设计。行政部碰到新难题了。"老安说道。

"下午我们讲最后一个课题。现在下课。"老安宣布道。

第六节 利剑与天网

下午的学习开始了，当PPT里打出这个题目，我们顿时议论起来。利剑与天网，不是自相矛盾吗，不知道老安葫芦里卖的什么药？

"下午的题目有点特殊。刚才听大家也在说了。"老安发话了。

"今天的议题很重要，是本次新《个人所得税法》改革的亮点之一。我们先谈天网。"

"大家先来看下面这张PPT，我将新《个人所得税法》的第十五条整理成了表格（见表4-27）。"

表 4-27

公安	纳税人身份信息
人民银行、金融监督管理部门	金融账户信息
教育部门	子女教育、继续教育信息
卫生、医疗保障	大病医疗信息

（续）

公安	纳税人身份信息
民政、人力资源社会保障部门	赡养老人信息
住房城乡建设	住房贷款利息/住房租金信息
不动产登记机关	个人不动产转让信息
市场登记机关	股权交易信息

《个人所得税法》第十五条　公安、人民银行、金融监督管理等相关部门应当协助税务机关确认纳税人的身份、金融账户信息。教育、卫生、医疗保障、民政、人力资源社会保障、住房城乡建设、公安、人民银行、金融监督管理等相关部门应当向税务机关提供纳税人子女教育、继续教育、大病医疗、住房贷款利息、住房租金、赡养老人等专项附加扣除信息。

个人转让不动产的，税务机关应当根据不动产登记等相关信息核验应缴的个人所得税，登记机构办理转移登记时，应当查验与该不动产转让相关的个人所得税的完税凭证。个人转让股权办理变更登记的，市场主体登记机关应当查验与该股权交易相关的个人所得税的完税凭证。

有关部门依法将纳税人、扣缴义务人遵守本法的情况纳入信用信息系统，并实施联合激励或者惩戒。

"第一行，大家应该都了解了，在 8 月申报期的时候，个人信息全部通过公安部门实现了联查。第二行，税收稽查和 CRS（Common Reporting Standard）有关。第三行到第六行分别对应的正好是我们这次六项扣除的内容，分别标明了哪些部门需提供哪些信息支撑。特别是最后两条，按我对文件的理解，就是明确了不动产与股权交易都实行税款前置，这样能有效防止个人所得税税款的流失。八行两列，就是一张天网，共同构成了这次个人所得税改革的信息来源平台。特别是最后一句，'将纳税

Chapter Four

第四章
个人所得税的大时代——新《个人所得税法》学习会纪实

人、扣缴义务人遵守本法的情况纳入信用信息系统,并实施联合激励或者惩戒',这点很厉害。"

"不知道大家对信用信息系统有没有感性认识,最近有一个坐高铁的男子在网上很出名,大家知道了吧?"

"对,是霸座男。"台下有人回应。

"后来,又出来一个霸座女,这下就齐了。"大家开玩笑道。

"哈哈,对的。"

"铁路系统后来对他们实施罚款200元,禁坐高铁180天,这就是对信用信息系统的运用。"

"如果违反了个人所得税的税收法规,一旦上了黑名单,就不是罚款200元那么简单,很有可能是将来在各项社会活动中都会受到限制。"

台下的同事们频频称是。

有一位财务经理接过话茬说道:"我有一个朋友在港资企业上班,去年他们在发中秋福利的时候,香港的员工一再询问财务部,自己的个人所得税是不是已经代扣代缴了,在香港,一旦有税收的污点,是很难立足的。"

"对,包括现在网上流行的一个段子,说美国人不怕总统,不怕警察,他们最怕的就是美国联邦税务局。因为一旦在税收上违法,成本是相当高昂的。"另一位经理接口说道。

"对。那大家现在看看,这开篇引用的天网是不是很形象啊?"老安问道。

"那么,用什么将这些信息串起来织成天网,我们来看《个人所得税法》第九条的规定。"

"**个人所得税以所得人为纳税人,以支付所得的单位或者个人为扣缴义务人。**

纳税人有中国公民身份号码的，以中国公民身份号码为纳税人识别号；纳税人没有中国公民身份号码的，由税务机关赋予其纳税人识别号。扣缴义务人扣缴税款时，纳税人应当向扣缴义务人提供纳税人识别号。

原来是以公民身份证号码为作为纳税人识别号。没有识别号的，税务机关赋予其纳税人识别号。实行一人一号。每个人的号码都是唯一的。用这个识别号串起你所有的纳税信息。《国家税务总局关于自然人纳税人识别号有关事项的公告》（国家税务总局公告2018年第59号）又对纳税人识别号做出了具体规定：

一、自然人纳税人识别号，是自然人纳税人办理各类涉税事项的唯一代码标识。

二、有中国公民身份号码的，以其中国公民身份号码作为纳税人识别号；没有中国公民身份号码的，由税务机关赋予其纳税人识别号。

三、纳税人首次办理涉税事项时，应当向税务机关或者扣缴义务人出示有效身份证件，并报送相关基础信息。

四、税务机关应当在赋予自然人纳税人识别号后告知或者通过扣缴义务人告知纳税人其纳税人识别号，并为自然人纳税人查询本人纳税人识别号提供便利。

五、自然人纳税人办理纳税申报、税款缴纳、申请退税、开具完税凭证、纳税查询等涉税事项时应当向税务机关或扣缴义务人提供纳税人识别号。

六、本公告所称"有效身份证件"，是指：

（一）纳税人为中国公民且持有有效《中华人民共和国居民身份证》（以下简称"居民身份证"）的，为居民身份证。

（二）纳税人为华侨且没有居民身份证的，为有效的《中华人民共和国护照》和华侨身份证明。

第四章

个人所得税的大时代——新《个人所得税法》学习会纪实

（三）纳税人为港澳居民的，为有效的《港澳居民来往内地通行证》或《中华人民共和国港澳居民居住证》。

（四）纳税人为台湾居民的，为有效的《台湾居民来往大陆通行证》或《中华人民共和国台湾居民居住证》。

（五）纳税人为持有有效《中华人民共和国外国人永久居留身份证》（以下简称永久居留证）的外籍个人的，为永久居留证和外国护照；未持有永久居留证但持有有效《中华人民共和国外国人工作许可证》（以下简称工作许可证）的，为工作许可证和外国护照；其他外籍个人，为有效的外国护照。

前段时间在上海填写个人申报信息的第一周，就发现有大量冒用他人身份信息开具劳务发票的新闻。

有人在填报个人信息的时候，发现自己已经在别的自己根本不知道的公司'任职'，有的还当上了法人。这是个人信息被冒用。当然，这当中有人已经报了警。

前段时间还有过一个新闻，个人在填报租房租金时需填写房东的详细信息，在向房东索要这些信息时，遭到房东的明确拒绝，并以不租或是涨价要挟。因为房东怕税务局找麻烦，这个信息填报，等于变相向税务举报漏报房产税的信息，这些新闻都是新《个人所得税法》刚刚开始实施时出现的。

大家这下知道天网的威力了吧。在信息互通的共享的情况下，任何违规行为都将无处可逃。当然这对于我们守法的公民来讲只有好处没有坏处，大家应该感到高兴。"

"那安总，天网有了，利剑在何方？"大家显然对这种互动式的学习很感兴趣。

"国发〔2018〕41号第二十五条　纳税人首次享受专项附加扣除，

应当将专项附加扣除相关信息提交扣缴义务人或者税务机关，扣缴义务人应当及时将相关信息报送税务机关，纳税人对所提交信息的真实性、准确性、完整性负责。专项附加扣除信息发生变化的，纳税人应当及时向扣缴义务人或者税务机关提供相关信息。"

"这一条明确了，纳税人对提供资料的真实性、准确性、完整性负责。"

"不拿远的说，就拿个人六个专项附加扣除来说。国家税务总局公告2018年第60号第二十九条　纳税人有下列情形之一的，主管税务机关应当责令其改正；情形严重的，应当纳入有关信用信息系统，并按照国家有关规定实施联合惩戒；涉及违反税收征管法等法律法规的，税务机关依法进行处理：

（一）报送虚假专项附加扣除信息；

（二）重复享受专项附加扣除；

（三）超范围或标准享受专项附加扣除；

（四）拒不提供留存备查资料；

（五）税务总局规定的其他情形。"

这条规定直接将利剑举向不诚信的人群。因此可见守法、诚信是多么重要。我们的国家正在一步步建立信用体系，让不诚信者寸步难行。这也是保护市场经济的内在要求。

"包括近段时间在热炒的'CRS'。"

"所谓的 CRS 是 Common Reporting Standard 的英文缩写，中文翻译为'共同申报准则'或'统一报告标准'。它的提出者是经济合作与发展组织，也就是 OECD。"

"几年前，OECD 在澳大利亚提出用于指导参与司法管辖区定期对税收居民金融账户信息进行交换的准则，旨在通过加强全球税收合作提高

Chapter Four
第四章
个人所得税的大时代——新《个人所得税法》学习会纪实

税收透明度，打击利用跨境金融账户逃避税行为。"

"举个简单的例子。例如，我们中国人有一天去了英国，存了一笔钱，而且金额很可观，那么英国的银行就有义务把中国人存款的信息金额披露给中国税务总局，这就是信息交换。大家是不是可以将第一节课我们讲的居民纳税人和非居民纳税人联想起来呢？将来所谓的'避税天堂'将不复存在，而老老实实地交税才是正道。目前包括我们的香港特别行政区都已经在与内地进行信息交换，而且加入这个OECD（经合组织）国家和地区越来越多。"

"利剑与天网，绝不是说说而已。在不久的将来，我们将有幸看到，在个人所得税领域避税与反避税的较量。"老安铿锵有力地说了上面的话，台下响起了热烈的掌声。

为期两天的紧张的学习结束了，而对于我这个个人所得税税收'小白'来说，深入学习才刚刚开始。

第五章 Chapter Five
税路漫漫真如铁

第一节 全部的收入都纳税？ 你错了！

老安学习会上留下来的小引子"那些不交税的收入"，让我几天不得安生，个人所得税那简单的几句我着实搞不清。离开法条一会儿就混乱，经常将不征税和免税搞混了。

例如，公司账户刚刚收到的社保中心发放的员工生育津贴，也算所得，那到底要不要交税啊？再如个人抢的红包也算所得，那要不要交税？到底哪个是免税收入，哪个是不征税收入？我是彻底懵了，办公室的同事也是一脸茫然，说不征税的也有，说免税的也有。尽管这个问题在之后想想是多么的清楚，但当时脑子里是一团糨糊。

忙碌的老安只要一有空闲，就过来看看我们的学习情况。以前办公室大家学习的气氛不浓，都是在玩朋友圈，自从老安来了就不一样了，大家完成手头的工作，就会主动学习一些知识，老安也乐意教我们。

这不，他又过来看看，看到桌上一张画得乱七八糟的 A4 纸和正抓耳挠腮地想问题的我。知道我们的困惑后，老安悠然地说："这个问题，当

第五章
税路漫漫真如铁

年也困扰过我,不过我后来自己总结画图后,就清楚了。"我顺势说:"安总,你和我们讲讲什么是免税收入,什么是不征税收入吧。"

"简单地说,"老安清了清嗓子,"个人所得税里不是所有的收入都纳税,那么不纳税的收入基本分为两类,一类就是不征税收入,另一类就是免税收入。虽然这两个结果都是不纳税,但税法上的规定却是截然不同的。不征税收入,是取得了收入但根本不在征税范围内,也就谈不上纳税。免税收入,就是它是在征税范围内,但国家出台政策给予免征。"

"我先来说说免税收入,这个大多数和政府支付的特殊款项有关,如果政府自己支付,又自己收税,就显得不合理了,还浪费了行政资源。政府支付的又分为以下六类。我总结了一下。"接着,老安介绍了这六类政府支付。

第1类:一定级别的政府奖励、鼓励类项目,有三个。

第一个项目:是"省级人民政府、国务院部委和中国人民解放军军以上单位,以及外国组织、国际组织颁发的科学、教育、技术、文化、卫生、体育、环境保护等方面的奖金"一定要注意,这句话有两个要点:

要点一:级别要够高,这里的省级,不但包括国内各个省(自治区、直辖市),还包括副省级城市人民政府。例如,省会城市副省级人民政府、计划单列市人民政府都算,许多看文件的人不仔细,以为都是省级的,副省级的都不算。这是不对的。

要点二:奖励的性质是列举范围内的奖金。这句话文件用了"等方面的奖金",范围还是比较大的,只要符合第一条,一般情况下,都能和这个范围有一定的关系。

第二个项目:补贴、津贴。根据《中华人民共和国个人所得税法实施条例》的规定,是指国务院发放的政府特殊津贴、院士津贴、资深院士津贴等。

第三个项目：是指国债、金融债券利息。国债是特指财政部发行的债券，金融债券利息是指经国务院批准发行的金融债券。由于购买国债和金融债券是国家鼓励类的，因此取得的所得不缴纳个人所得税。如图5-1所示。

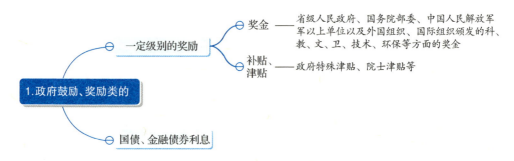

图　5-1

第2类：政府支付的与军人有关的资金（见图5-2）。

图　5-2

这个说得很明确，范围也是特定的。

第3类：政府支付的特殊款项、补偿救助款，包括三个方面。

第一：安家费、离退休工资。

安家费，目前只有名字，没有具体细则。退休工资是国家发放的，不适合征收个人所得税。

第二：青苗赔偿费、拆迁补偿款。

这个实际是在拆迁或其他过程中对遭受损失的人群给予的一种适当

的补偿，如果对这个征税，就没有道理了。

第三：低收入人群的生活困难类补助。

这是政府向低收入类人群发放的用于生计的生活救济，包括住房货币补贴和生活补助费。如图5-3所示。

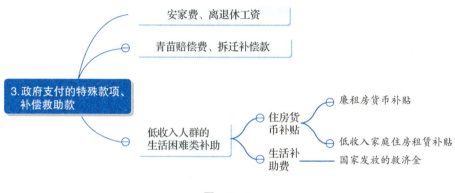

图　5-3

第4类：生育保险津贴、工伤赔付款项（见图5-4）。

第5类：见义勇为基金的奖励。

第6类：个人所得税代扣代缴手续费返回。

第4类、第5类和第6类都有明确指定的对象，也很明确，一般没有什么争议。

图　5-4

"接下来是不征税收入，它一般和政府支付无关，一般是企业支付，很明确，不征税收入也就是根本不在征税范围里。我总结了一下，分为5

类。接下来,老安又介绍了这五类不征税收入。

第1类,与出差通讯有关(见图5-5)。就是公务交通、通讯费制度补贴收入,差旅津贴、误餐补助。

图 5-5

第2类,是两个快要作古的政策,托儿补助、独生子女补贴。这两个政策都有时代的烙印,现在都提倡二孩了,应该是少数一些地方还在享受,特别是托儿补助,应该是计划经济下的产物,如图5-6所示。

图 5-6

第3类,是企业在销售商品或者提供服务的过程中向个人赠送的礼品中符合特定条件的(见图5-7)。《财政部 国家税务总局关于企业促销展业赠送礼品有关个人所得税问题的通知》(财税〔2011〕50号)的相关规定如下。

一、企业在销售商品(产品)和提供服务过程中向个人赠送礼品,属于下列情形之一的,不征收个人所得税:

1. 企业通过价格折扣、折让方式向个人销售商品(产品)和提供服务;

2. 企业在向个人销售商品(产品)和提供服务的同时给予赠品,如通信企业对个人购买手机赠话费、入网费,或者购话费赠手机等;

3. 企业对累积消费达到一定额度的个人按消费积分反馈礼品。

注意一定要符合文件列明的事项的才可以，否则有可能要补缴个人所得税。

第4类，就是个人与个人的现金赠与、互发的红包等。说到这里，老安重点强调了下，红包的发放是有点学问的。

《国家税务总局关于加强网络红包个人所得税征收管理的通知》（税总函〔2015〕409号）就网络红包有关个人所得税征管问题通知如下：

一、对个人取得企业派发的现金网络红包，应按照偶然所得项目计算缴纳个人所得税，税款由派发红包的企业代扣代缴。

二、对个人取得企业派发的且用于购买该企业商品（产品）或服务才能使用的非现金网络红包，包括各种消费券、代金券、抵用券、优惠券等，以及个人因购买该企业商品或服务达到一定额度而取得企业返还的现金网络红包，属于企业销售商品（产品）或提供服务的价格折扣、折让，不征收个人所得税。

三、个人之间派发的现金网络红包，不属于个人所得税法规定的应税所得，不征收个人所得税。

四、各单位要掌握本地区企业派发网络红包的情况，做好纳税咨询、政策辅导等纳税服务，指导企业依法履行代扣代缴义务，切实做好网络红包个人所得税征收管理工作。

"文件这么长，什么意思呐，就是说个人与个人之间的红包互发，就不用纳税，这也无法征税，要不然就会出现会滑稽的场面，比如你发我一百元红包，结果不对，我应该代扣你20元个人所得税。"

"在实际生活中，不但是网络红包，个人与个人之间的现金赠予也是不缴纳个人所得税的，因为个人所得税的税目是正向列举，没有在列举范围里的都是不纳税的。当然了，如果以现金赠予为表象而进行个人所得税的规避，那是不允许的，税务机关也完全可以根据'实质重于形式'的原则对实质的交易行为进行课税。而且最新修改的《个人所得税法》针对个人进行的相关避税行为，特别强调了税务机关有纳税调整的权力。

但企业对个人发放的红包就应该纳税，如企业为宣传自己的业务，在网上进行红包派发，还有'双马'过春节在网上发的现金红包，按规定都是要交税的。"

第5类是商业保险个人赔款优待收入。《国家税务总局关于个人所得税有关政策问题的通知》（国税发〔1999〕58号）

关于个人取得无赔款优待收入征税问题规定如下。

对于个人因任职单位缴纳有关保险费用而取得的无赔款优待收入，按照"其他所得"应税项目计征个人所得税。

对于个人自己缴纳有关商业保险费（保费全部返还个人的保险除外）而取得的无赔款优待收入，不作为个人的应纳税收入，不征收个人所得税。

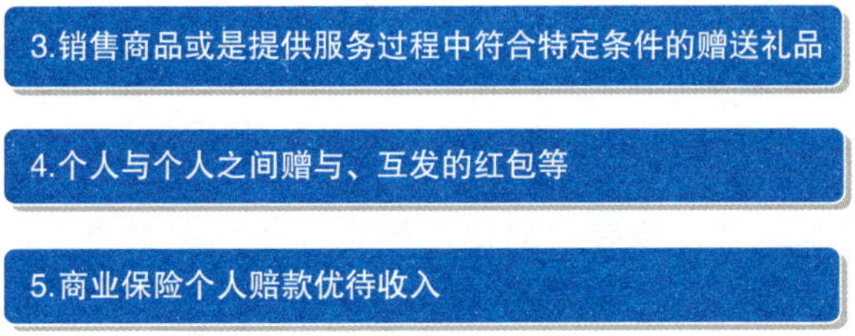

> 3.销售商品或是提供服务过程中符合特定条件的赠送礼品
>
> 4.个人与个人之间赠与、互发的红包等
>
> 5.商业保险个人赔款优待收入

图 5-7

"好了，就我总结这些，平时有新的政策，要注意总结，将新文件添加到自己的知识体系里去，形成记忆树才行，这样才能记得更清楚。"

"学知识，特别是税法知识，一定要进行脉络性的学习，先学主脉络，再学分支，将知识以记忆树的形式存入头脑，而不是一股脑儿去机械记忆。"

听了老安的讲解，特别是看了老安画的知识树，我脑中知识的脉络顿时清楚了很多，原来学习税法掌握方法更重要。

第二节 最忙的一天

随着《国务院关于印发个人所得税专项附加扣除暂行办法的通知》（国发〔2018〕41号）、《国家税务总局关于发布〈个人所得税专项附加扣除操作办法（试行）〉的公告》（国家税务总局公告2018年第60号）这两个文件的公布，六项扣除政策都明确了，可是如何落到实地，让员工享受又成了一个大难题。这时国家税务总局发布了一个个人所得税扣缴APP，员工可以很方便地在手机上提交自己的信息。做好准备工作后，我将下载APP的二维码发给人力资源部的老蔡，以人力资源部的名义让员工利用APP手机端口提交信息。

老安提醒道："小明啊，作为总部的税务专员，这段时间你要忙起来了。将前几天学习班的课好好温习一下，相信经过上次的培训，子公司的财务经理和税务专员能为我们减轻不少的工作压力。"

"对了，税务局的小杨昨天不是来我们公司送了很多宣传政策的资料吗，趁这次机会，你整理一下也发给老蔡，让员工下载APP的同时也知道具体如何操作，还要在我们的工作微信群里转发总局的讲述如何填写专项附加扣除的视频，这样更直观。如果还有要解决的问题，我们再解决，事情做在前面，可以减轻我们和人力资源部的工作量。"老安事无巨细地叮嘱。

老安考虑得真周到，我暗想。

资料下发了两天了,员工也没问人力资源部什么问题,我以为就这么轻松地过去了,原来的担心工作量很大的忧虑消了大半了。

没想到第三天,我刚上班在楼道里就被老蔡给堵上了。

"小明,从昨天开始,人力资源部的电话都快被打爆了,员工提的问题千奇百怪,我们根本解决不了,你看能不能让你们财务部搞一次答疑会啊,这样我们工作好做点。本来要找你们安总的,正好在这里碰上就先和你打个招呼。"

啊!问题还是来了。

"好吧,我要和安总商量一下。"我答道。

Chapter Five
第五章
税路漫漫真如铁

最后老安决定,利用这周五下午上班的时间,让人力资源部组织 APP 填写有问题的员工准备好相关问题,我和老安在六楼多媒体教室现场给予解答。

小考验来了,为了现场不出丑,我又将文件认真地学习了五遍,估计这下没有问题了。

答疑会现场来了 20 多个人,大都是打电话问过老蔡的员工,比我想象的要少些。

"老蔡你这明显是吓我嘛,才这点员工有问题,又说很多人。"我心里暗想。

"还好!还好!"我有点庆幸。

答疑正式开始了,我负责主答,答不上的由老安负责回答。老安这是在锻炼我啊。

问题 1:"我家是买的期房,贷款利息可以抵扣。APP 里写着要填的信息是房产证的相关信息,我应该怎么填,我的房子还在图纸上呢。"

我一下有点哑然,是啊,这个点我倒是没有想过。

"可以先填写房屋买卖合同或是预售房合同的号码,等将来拿到房产证后再进行信息变更,这个问题不大。"老安马上接上了。

第一个问题就没答上来,有点扫兴。但看到老安鼓励的眼神,我又鼓起了勇气。

问题 2:"我是代表我的班组来问的。我们有些员工不愿意让别人知道自己过多的信息,是不是就享受不到个人所得税优惠了?"有员工接着问。

"可以在次年 3 月 1 日至 6 月 30 日期间,自行向汇缴地的主管税务机关办理汇算清缴申报时扣除。不过请大家放心,你们提交信息再到我们从个人所得税申报客户端获取信息,是经过技术处理的,一些敏感信息我们不会知道,我们也有为信息保密的义务。如果你们实在不放心,可以在提交信息时选择'不通过扣缴义务人申报'就可以了。"这个我懂的,我自信地回答了。

问题3:"我现在在两处取得工资,我的专项附加扣除信息在哪个单位办理呢,还是两个单位都要办理?"

"你只能选其中一处。文件规定同时从两处以上取得工资、薪金所得,并由扣缴义务人办理上述专项附加扣除的,对同一专项附加扣除项目,一个纳税年度内,纳税人只能选择从其中一处扣除。如果你需要变更单位,可以在下一个纳税年度办理变更。"我继续答。

问题4:"如果我没换工作,我的信息也没变化,只要填报一次就可以了吧?下一次不需再重新确认了吧?"

"这个需要重新确认,还是需要报送的。你应在每年12月对扣除内容进行确认并报送给单位。你没确认,次年1月就停止享受抵扣了。文件规定,次年需要由扣缴义务人继续办理专项附加扣除的,都应当于每年12月对次年享受专项附加扣除的内容进行确认,并报送至扣缴义务人。如果未及时确认的,扣缴义务人于次年1月起暂停扣除,待纳税人确认后再行办理专项附加扣除。"我答道。

问题5:"有的员工每个月收入不足5 000元,是不是也要填写相关扣除信息?"

"如果个人每月工资薪金收入扣除'三险一金'后的金额未达减除费用标准(5 000元/月),无须缴纳个人所得税的,可无须填报专项附加扣除信息。如果你不确定将来的收入总额,建议你填写为好,以免错过了税收优惠红包。"

Chapter Five
第五章
税路漫漫真如铁

问题6："家里的小孩子满3周岁了，但未入幼儿园，是否也要填写学校信息，但是确实没上学啊？"

"需要填写。如果不填写，将可能导致之后的信息采集无效，影响个人享受专项附加扣除。子女处于满3周岁至小学入学前的学前教育阶段，但确实未接受幼儿园教育的，仍可享受子女教育扣除，就读学校填写'无'就可以了。"

问题7："新闻上宣传的是六项扣除信息，为什么我们现在只要求填写五项信息，大病医疗信息现在还没有让我们采集，是政策变了吗？"

"不是的，应由自己在次年汇缴时到税务机关办理。享受大病医疗专项附加扣除的纳税人，由其在次年3月1日至6月30日内，自行向汇缴地主管税务机关办理汇算清缴申报时扣除。"

我答完这些，真的有些汗颜。员工的问题真的有些刁钻，但确实存在。看来理论和实际还是有一些距离。

至于其他问题，都是在两个文件里可以找到答案的，我就不在这里一一列举了。

一场答疑下来，我回答近20个问题了，累得有点虚脱，除了三个问题要老安帮忙明确外，其他的我都能一一作答。员工听完我们的答复也满意地离开了，老安对我的第一次台上表现很满意，并鼓励我继续深度学习。

累并快乐着。

第三节　工资不够花

老蔡又到财务部来"串门"。

老蔡知道我们前两天就集中进行了新《个人所得税法》的培训，培训的内容他也基本听不进去，因此他抽空来财务部取经，看看这次的个人所得税改革对他有没有好处。

说来也是话长了，老蔡虽说有多年资历，但年收入12万元的申报没他什么事，还是差那么一点没到。他家里有一个多病的妻子，唯一的女儿还在上高三，明年就要高考了。家里双亲岁数也大了，老蔡又没有兄妹，压力自然可想而知了，一个月的工资用下来也基本所剩无几了。

"听外面的人说，这次个人所得税起征点才提到5 000元，那和原来3 500元没差多少啊。"老蔡开始向我取经了。

"老蔡，这只是一个很小的调整。这次不但调整了税率级差，还有专项附加扣除。"我认真地说道。我对老蔡还挺有好感的，倒不是我第一次出门，他就请我吃北京很有名的小吃，而是这么长时间接触下来，我觉得别人称之为"话痨"是有些不理解他。在我看来，他还是很朴实的。话虽多，但在理。我也乐意跟他分享自己刚学到的东西。

"来，你看。"我拿出了在学习会上的那张个人所得税税率表，对应老蔡的收入大概降税的空间在60%。我告诉老蔡了，他还是有点惊喜。

"嗯，不错。那你刚才说的专项附加扣除是什么意思？"他显得意犹未尽。

"专项扣除分六项五类，子女教育、继续教育、大病医疗、住房贷款利息或者住房租金、赡养老人等支出，都是和我们生活密切相关的。根据你的情况，应该可以扣除子女教育、赡养老人这些支出，噢对了，你妻子的大病医疗也可以的。不过应该要到次年的 3 月 1 日至 6 月 30 日才能享受。"

"这个也行。"老蔡有点惊喜。

"是的。"我肯定地答道。

国发〔2018〕41 号文第十一条规定：

在一个纳税年度内，纳税人发生的与基本医保相关的医药费用支出，扣除医保报销后个人负担（指医保目录范围内的自付部分）累计超过 **15 000元**的部分，由纳税人在办理年度汇算清缴时，在 80 000 元限额内据实扣除。

第十二条 纳税人发生的医药费用支出可以选择由本人或者其配偶扣除；未成年子女发生的医药费用支出可以选择由其父母一方扣除。

纳税人及其配偶、未成年子女发生的医药费用支出，按本办法第十一条规定分别计算扣除额。

"所以你正好符合条件，你妻子的医药费也可以在办理汇算清缴时扣除。"

"注意啊，老蔡，这个是要留好相关票据的，这六个专项附加扣除是比较特殊的一类扣除。国家税务总局公告 2018 年第 60 号第十七条规定：**纳税人需要留存备查资料包括：大病患者医药服务收费及医保报销相关票据原件或复印件，或者医疗保障部门出具的纳税年度医药费用清单等资料。**"

"好好，谢谢你啊小梁。"

"对了，老蔡，你手机 APP 填写没有问题吧？我前几天刚给员工答疑了，现在可以为你服务啊，不收服务费。"我打趣道。

"没问题，我一会儿去试一下，我现在要回去了，不能在这里待太久了。"

知道有这些优惠，老蔡似乎很满意。

用自己的知识帮助别人，原来是这么快乐的一件事，我学习的劲头更足了。入职第二年，我就在老安的鼓励下报考了税务师。

嗯，我要进行系统学习，而不能满足于单个零散文件的学习。我给自己鼓着劲。

第四节 第一块"小豆腐"

随着不断地深入学习，我逐渐对文件有了自己的想法，在老安的鼓励下我拿起了笔，要知道写作可是我的弱项。上学的时候，同学们的好作文总被老师当成范文在班级里读，我很羡慕。

老安就是写作高手，时不时发表些税收方面的专业文章，只要看到他吹着口哨进办公室，就说明他又有新作品发表了。我读过他的作品，论据充分，观点鲜明，干脆利落。

"安总，怎么样能写好一篇文章啊？话会说，但拿起笔就不会写了，感觉笔有千斤之重，难啊。"

"小明，你不要着急，写文章是水磨的功夫，没有输入哪有输出，坚持多看多读多写，日积月累，你的写作水平慢慢地会提高的。"

想想上学时没听老师的话，现在我一定要好好学习老安的经验，坚持每天写点税法学习笔记。

Chapter Five
第五章
税路漫漫真如铁

老安每天有阅读专业报刊的习惯。一天,老安问我:"小明,这篇《筑巢引凤,个人所得税怎么交?》是不是你写的?不但作者名字和你一样,而且任职单位也相同。小明进步很快啊,不简单啊。"

我拿起报纸一看,心里甭提有多高兴了。

"安总,是我写的。"

"小明,祝贺祝贺啊,我赞同你这篇文章的观点,有理有据,论证充分,不简单。你虽工作时间不长,但能写出这样有深度的文章,进步很快!小明,我要考考你,在这类报纸上发表文章,一篇文章稿酬2 000元,属于个人所得税哪个所得税目?"

我在企业遇到的个人所得税税目,工资、薪金比较常见,稿酬还是第一次遇到。

我查询《个人所得税法实施条例》第六条第(三)项对稿酬的定义:"是指个人因其作品以图书、报刊等形式出版、发表而取得的所得。"

"安总,只要发表文章取得的稿酬,就应该以稿酬所得计征个人所得税。我发表文章取得的所得,也是按稿酬所得计征个人所得税。"我洋洋得意地说,心想这个问题太简单了。

"小明,我们单位有个政策,在专业财税杂志上发表文章,单位配套奖励2 000元,这个所得怎么缴税?"

"安总,这些都与我发表文章有关,也是按稿酬所得计征个人所得税。"我自信满满地说。

"小明,你说的有的地方是正确的,有的地方还需商榷。"

《国家税务总局关于印发〈征收个人所得税若干问题的规定〉的通知》(国税发〔1994〕89号)第四条"关于稿酬所得的征税问题"规定如下:

(一)个人每次以图书、报刊方式出版、发表同一作品(文字作品、书画作品、摄影作品以及其他作品），不论出版单位是预付还是分笔支付稿酬，或者加印该作品后再付稿酬，均应合并其稿酬所得按一次计征个人所得税。在两处或两处以上出版、发表或再版同一作品而取得稿酬所得，则可分别各处取得的所得或再版所得按分次所得计征个人所得税。

（二）个人的同一作品在报刊上连载，应合并其因连载而取得的所有稿酬所得为一次，按税法规定计征个人所得税。在其连载之后又出书取得稿酬所得，或先出书后连载取得稿酬所得，应视同再版稿酬分次计征个人所得税。

（三）作者去世后，对取得其遗作稿酬的个人，按稿酬所得征收个人所得税。

《国家税务总局关于个人所得税若干业务问题的批复》（国税函〔2002〕146号）第三条规定：

关于报刊、杂志、出版等单位的职员在本单位的刊物上发表作品、出版图书取得所得征税的问题

（一）任职、受雇于报刊、杂志等单位的记者、编辑等专业人员，因在本单位的报刊、杂志上发表作品取得的所得，属于因任职、受雇而取得的所得，应与其当月工资收入合并，按"工资、薪金所得"项目征收个人所得税。

除上述专业人员以外，其他人员在本单位的报刊、杂志上发表作品取得的所得，应按"稿酬所得"项目征收个人所得税。

（二）出版社的专业作者撰写、编写或翻译的作品，由本社以图书形式出版而取得的稿费收入，应按"稿酬所得"项目计算缴纳个人所得税。

《国家税务总局关于剧本使用费征收个人所得税问题的通知》（国税发〔2002〕52号）规定：

对于剧本作者从电影、电视剧的制作单位取得的剧本使用费，不再区分剧本的使用方是否为其任职单位，统一按特许权使用费所得项目计征个人所得税。

一般情况下，取得的稿酬按稿酬所得计征个人所得税，但也有特殊情况，国税函〔2002〕146号、国税发〔2002〕52号规定了两种例外情形。

"安总，单位奖励给我的2 000元，不在例外情况之列，也应该按稿酬所得计征个人所得税？"

"小明，《个人所得税法实施条例》第六条第（一）项规定，**工资、薪金所得，是指个人因任职或者受雇取得的工资、薪金、奖金、年终加薪、劳动分红、津贴、补贴以及与任职或者受雇有关的其他所得**。"

"单位给你2 000元奖励与任职受雇有关，应与你发放当月的工资合并计征个人所得税。"

"安总，原来是这样啊，我错得有点离谱。还有个问题，现在好多网络写手，收入颇丰，个人所得税对这块收入如何处理的？"

"原来旧的《个人所得税法实施条例》自2011年9月1日开始实施，没有将网络写作纳入稿酬定义中，但支付单位支付这块费用时多按'稿酬所得'代扣代缴个人所得税，新的《个人所得税法实施条例》于2019年1月1日实施，还是引用了原来的定义，没有修改，但在第六条规定：'**个人取得的所得，难以界定应纳税所得项目的，由国务院税务主管部门确定**。'应该可以理解为授予税务主管部门一定的权限。我们耐心等待后续政策就可以了。"

老安不愧为老安，值得我学习的地方太多了。

第五节　阳哥的税事

家里人、亲戚朋友现在都知道我在考税务师，有什么关于税收的问题，第一时间总会想起我。这不，一大早，我还在吃早餐，阳哥就给我打电话了。

阳哥来自于农村，父母都是农民，自小成绩非常优秀。初中毕业时有三个选择：中专、中师、重点中学。中专、中师毕业后国家包分配，有国家干部身份，是非常不错的。重点中学就是上高中，还要自己掏钱上三年学参加高考。当时中专、中师的录取分数线要超过重点中学。阳哥考虑尽早减轻父母负担，毅然报考了中专，并被顺利录取，学制三年。

可是在上学第二年的时候，国家取消了包分配的制度，变为自由择业。阳哥又一次站在人生的选择关口。阳哥没有气馁，相信自己一定会站在成功的顶峰，在学校认真学习，积极参加社会活动。毕业后去了一家公司做会计，后来听说去了很大的一家公司任财务经理，再后来慢慢地断了联系。就在几年前遇见阳哥，听说他就职于一家上市公司，真不容易，阳哥就是父母口中别人家的好孩子代表。

"小明，听说你在考税务师啊，对税收有专门研究啊，我现在遇到个问题，帮我看看怎么办？"阳哥直接点明主题。

"我现在在国内一家上市公司工作，2012 年公司授予我股票期权，可以在 2018 年 10 月以每股 5 元价格购买 40 000 股股票，你看个人所得税怎么处理？"

我一听期权，还是股票期权，从来没有研究过啊，人一下子懵了。

Chapter Five
第五章
税路漫漫真如铁

资本市场的那一套东西真复杂，如果不学习真的跟不上时代的脚步。听说某税务局查阿里巴巴下属的一家公司，进去一个月都摸不到门道，见不到常见的货物流，所谓的商品也是虚拟的，而且全是平台交易，异于一般的企业。

第二天一上班，我就跑去向安总请教。

"安总，股票期权是什么意思？"

"小明啊，你可以买些专业书看看，或者借助中税答疑的'税联网'学习。"

确实啊，财税人员遇到不懂的问题怎么办？还有安总故意不告诉我，他肯定知道股票期权。

前几次帮助别人解决了几个个人所得税的问题，难免有点骄傲，阳哥的一个问题将我打回原形，发现自己还是个菜鸟，学知识不能稍微取得点成绩就骄傲自满，看来得沉下心来学习，夯实基础。我当机立断买了几本股权激励方面的专业书籍，完完整整地看了两遍，发现以前自己确实是个"小白"。通过这些天的学习，汲取了不少知识，现在才搞清楚股权激励的那些事。

股权激励，实质上属于对职工的激励、奖励或补偿，是一种以股份方式支付的职工薪酬。企业员工股票期权，是指上市公司按照规定的程序授予本公司及其控股公司的一项权利，该权利允许被授权员工在未来时间以某一特定价格购买本公司一定数量的股票。这一特定的价格被称为"授予价"或"施权价"，即根据股票期权计划可以购买股票的价格，一般为股票期权授予日的市场价格或该价格的折扣价，也可以是按照事先设定的计算方法约定的价格。"授予日"，也称"授权日"，是指公司授予员工上述权利的日期；"行权"，也称"执行"，是指员工根据股票期权计划选购购买股票的过程；员工行使上述权利的当日为"行权日"，也称"购买日"。

一天上午，安总边品茶边问我："小明，上次那个股票期权涉及个人所得税的问题搞清楚了吗？"

"搞清楚了，安总。"

"年轻人不要急于知道答案，更应该去寻求解决问题的方法和途径，我直接告诉你答案你可能很快忘记了，我更希望你自己去思考，思考的过程比结果更重要。"

我这才明白，上次安总不告诉我答案，是逼我自己去思考，真心感谢安总的用心良苦。以前，在家整天烦爸爸妈妈的唠叨，离开家才知道爸爸妈妈的好；在学校，讨厌老师一遍又一遍的叮嘱，毕业了才深切感受到老师的爱；走上社会，能遇到真心帮助自己的领导，实属不易。

"小明，期权是种选择权，你可以有行权或不行权的权利。股权激励是激励员工用心工作，为企业作最大的贡献，企业和员工是利益共同体，员工会撸起袖子加油干。待你行权时，只要花 5 元每股，如果股票市价为 20 元每股，一股就可以赚 15 元，收益丰厚啊。如果股票市价低于 5 元，你也可以不行权。"

原来是这样啊！

我心里挺高兴，又弄懂了一个问题，赶快将研究的心得与阳哥交流一下。

"阳哥，你这个问题我搞清楚了，依据《财政部 税务总局关于个人所得税税法修改后有关优惠政策衔接问题的通知》（财税〔2018〕164 号）第二条的有关规定，到 2021 年 12 月 31 日前不并入当年综合所得，全额单独适用所得税税率表计算纳税。

股票期权形式的工资、薪金所得应纳税所得额 =（行权股票的市场价 - 员工取得该股票的期权支付的每股施权价）× 股票数量 =（20 - 5）×

40 000 = 600 000（元）。

应缴税款 = 600 000 × 30% – 52 920) = 127 080（元）。税负比达 21.18%。"

"小明，你说授予的股票期权一般不计征个人所得税，有什么特殊情形吗？"

"部分股票期权在授权时即约定可以转让，且在境内或境外存在公开市场及挂牌价格。员工接受该可公开交易的股票期权时，就是所说的特殊情形。"

"这种特殊情况怎么去计征个人所得税呢？"

"将转让的净所得作为授权日所在月份的工资、薪金所得。"

"小明，多年不见，还真有一套啊。"

过了好几天，我还在午休，被一阵急促的手机铃声吵醒了。

"小明啊，我是阳哥。"

难怪听声音这么熟悉，原来是阳哥啊，上次的事情不是已经解决了吗？我心里嘀咕。

"小明，我这还有个情况，一个同事遇到的情况和我一样，他向一个专家请教了股票期权的个人所得税问题，专家说的怎么和你不一样啊？"

"这个有两种可能，一种可能是你同事没有向专家描述清楚，另一种可能是遇到了伪专家。他们的思维和正常人不一样啊！"

"哈哈，小明你还挺幽默啊，我明白了。"阳哥笑着挂了电话。

第六节　"大红包"里故事多

读完前面故事的读者可能会有一个疑问，你不是说安总的年收入达到百万元吗,为什么安总工资总额只有42万元?你可能不了解实际情况,公司对安总那样的高净值人员是有考核的。平时发的工资只是年收入的一部分,余下的看企业绩效情况。安总作为集团税务总负责人,还担负着为企业节税和降低税收风险的任务,考核最快也在次年年初完成,有一部分收入是在次年发放的。据安总自己说,平时工资拿到手就只有42万元,年终考核发48万元,余下的其他福利折合10万元。48万元是有业绩考核的,完成了发放,完不成按比例发放。百万年薪听着响亮,也要付出很多的。

那么问题来了,年终奖又是如何计算的?现在都实行年收入的概念,个人所得税的计算与以前又有什么不同?一串的问题让我又细细读了一次《财政部关于个人所得税法修改后有关优惠政策衔接问题的通知》(财税〔2018〕164号)这个文件。

文件第一条规定:关于全年一次性奖金、中央企业负责人年度绩效薪金延期兑现收入和任期奖励的政策

(一)居民个人取得全年一次性奖金,符合《国家税务总局关于调整个人取得全年一次性奖金等计算征收个人所得税方法问题的通知》(国税发〔2005〕9号)规定的,在2021年12月31日前,不并入当年综合所得,以全年一次性奖金收入除以12个月得到的数额,按照本通知所附按月换算后的综合所得税率表(以下简称月度税率表),确定适用税率和速算扣除数,单独计算纳税。计算公式为:

应纳税额=全年一次性奖金收入×适用税率-速算扣除数

居民个人取得全年一次性奖金,也可以选择并入当年综合所得计算纳税。

自2022年1月1日起,居民个人取得全年一次性奖金,应并入当年综合所得计算缴纳个人所得税。

从上面的文件中我们能得出结论，我们在2022年1月1日之前都享有并入和不并入当年所得的选择权。既然存在选择权，那在理论上是不是存在纳税筹划的空间？

为了验证我自己的猜想，我决定举个例子，演算一下更好，这样记得更牢。于是我又拿出了纸笔在办公桌前开始了举例。

【例1】 假定公司营销员小王2019年全年工资薪金所得为85 000元，专项扣除、附加扣除合计为40 000元，若发年终奖45 000元，问选择哪种方案更节税？

方案一：年终奖不并入综合所得单独计算纳税（税率表详见本节后附表5-1）：

年终奖应纳税所得额 = 45 000 ÷ 12 = 3 750（元），适用10%的税率；

45 000 × 10% - 210 = 4 290（元）

工资、薪金应纳个人所得税 = 85 000 - 40 000 - 60 000 = -15 000（元），不用纳税。

合计纳税4 290元。

方案二：年终奖并入综合所得纳税：

45 000 + 85 000 - 40 000 - 60 000 = 30 000（元），适用税率3%；

30 000 × 3% = 900（元）

方案二比方案一节税 4 290 - 900 = 3 390（元）。

【例2】 沿用例1的资料，假定年终奖100 000元，其他条件不变。

方案一：年终奖单独计算：

100 000 ÷ 12 = 8 333.33（元），适用10%的税率；

100 000 × 10% - 210 = 9 790（元）

工资、薪金应纳个人所得税 = 85 000 - 40 000 - 60 000 = -15 000

（元），不用纳税。

合计纳税 9 790 元。

方案二：年终奖并入综合所得纳税

100 000 + 85 000 − 40 000 − 60 000 = 85 000（元），适用税率 10%；

85 000 × 10% − 2 520 = 5 980（元）

方案二比方案一节税 9 790 − 5 980 = 3 810（元）。

"嗯，不错，确实存在筹划的空间。"我自言自语道。

"那有没有更好的方案？"背后传来安总的声音。

原来老安早已手中端着瓷杯，喝着茶悠闲地来到我的背后看着我演算。

"还有更好的方案？"

"对，你不要变动营销员小王的工资，将年终奖拆成两份，其中一份年终奖发 36 000 元，另一份 64 000 元并入综合所得。"

"好！"

方案三：将年终奖拆成两份：

第一步：年终奖 36 000 ÷ 12 = 3 000（元），适用 3% 的税率；

36 000 × 3% = 1 080（元）

第二步：64 000 + 85 000 − 40 000 − 60 000 = 49 000（元）

49 000 × 10% − 2 520 = 2 380（元）

合计应纳税 = 2 380 + 1 080 = 3 460（元）

原来方案三比方案二还节税 5 980 − 3 460 = 2 520（元）。

"这个方案的原理就是，营销员小王的综合所得里还有 15 000 元（85 000 − 40 000 − 60 000）的额度没有享受。而年终奖由于其特殊的算法，是哪怕发一元钱都要缴纳个人所得税的，因此我们要利用好这个政策，争取在不出现税率跳档的情况下，将额度用足，这样就能合理降低税收负担。"

"安总,你是不是也要给自己筹划一下啊?"我打趣道。

"哈哈!那你试试看。"

安总工资薪金收入为全年 420 000 元,专项扣除、专项附加扣除总额为 107 400 元,累计减除费用为全年 60 000 元。

420 000 - 107 400 - 60 000 = 252 600(元),适用 20% 的税率;

252 600 × 20% - 16 920 = 33 600(元)

安总的年终奖为 480 000 ÷ 12 = 40 000(元),适用 30% 的税率;

假定年终奖独立计算,则应缴纳的个人所得税为 480 000 × 30% - 4 410 = 139 590(元)。

假定不考虑其他收入,则安总一年应缴纳的个人所得税为 33 600 + 139 560 = 173 160(元)。

如果重新分配工资薪金和奖金的数额,将奖金降为 312 600 元,则 312 600 ÷ 12 = 260 50(元),适用 25% 的税率;

312 600 × 25% - 2 660 = 75 490(元)

工资、薪金变为 420 000 + (480 000 - 312 600) = 587 400(元)

则计算为 587 400 - 60 000 - 107 400 = 420 000(元),适用 25% 的税率;

420 000 × 25% - 31 920 = 73 080(元)

合计应纳税额为 73 080 + 75 490 = 148 570(元)。

经过对奖金的分配和拆分,节约税款 173 160 - 148 570 = 24 590(元)。

"嗯,不错,就是这个思路。学得还很快!这个思路在税务筹划中运用很广泛。"安总赞许道。

"那你知道原理是什么吗?"

我一时想不起个所以然来。

其实不难,年终奖与工资薪金所得之间适用不同的税率表,工资与奖金的不同分配比例必然导致应纳税额出现波动,由此得出的结果也不同。假定我们全部是奖金收入或是工资、薪金收入,然后通过减少每一块而计算总税负,这样奖金收入因为金额的减少而出现税率降低,而适用工资、薪金会由于收入增加而出现税负增加,通过这个方法一定会找出一个个人所得税税负最低点。现在信息这么发达,网上已经有了不错的筹划方案,我之所以还要引导你去思考,是因为这个方法在税收筹划中运用很广泛,是一个很重要的思想。"

"但在现实生活中,情况千变万化,我们现在只计算简单的工资所得,假定其他劳务所得多了,导致综合所得税率提高,这个又是另一个思路了。还有,我们现在都是在计算奖金多少是为最佳,而现实情况往往是根据考核的完成情况计算奖金的。这个就涉及薪酬计划和我跟公司的薪酬协议了,不是个人一厢情愿的。但你掌握这个思路是很重要的,就是运用税率落差,合理进行税收筹划。"

"还有一个问题你要注意。"安总提醒道。

"假定的两种方案计算的结果是并入工资、薪金有优惠,但税金差别不是很大,这时你要考虑资金的时间价值。并入工资、薪金所得,很可能导致当期的税款上缴了,而清缴要等到次年的 3 月到 6 月。根据大多数公司的考核习惯,纳税人的税款基本要压上一年左右才能退回。这个在大家讨论经常被忽视。"

"对啊,是这个理。我为什么没有想到!"我有点惊奇。

表 5-1

级数	全月应纳税所得额	税率(%)	速算扣除数
1	不超过 3 000 元的	3	0
2	超过 3 000 元至 12 000 元的部分	10	210

（续）

3	超过12 000元至25 000元的部分	20	1 410
4	超过25 000元至35 000元的部分	25	2 660
5	超过35 000元至55 000元的部分	30	4 410
6	超过55 000元至80 000元的部分	35	7 160
7	超过80 000元的部分	45	15 160

第七节 第一次汇缴

大家还记得我们一起计算过的安总的个人所得税吗？到2020年3月初，个人所得税历史上第一次的汇缴就要开始了。根据《国家税务总局关于个人所得税自行纳税申报有关问题的公告》（国家税务总局公告2018年第62号）第一条的规定：

取得综合所得且符合下列情形之一的纳税人，应当依法办理汇算清缴：

（一）从两处以上取得综合所得，且综合所得年收入额减除专项扣除后的余额超过6万元；

（二）取得劳务报酬所得、稿酬所得、特许权使用费所得中一项或者多项所得，且综合所得年收入额减除专项扣除的余额超过6万元；

（三）纳税年度内预缴税额低于应纳税额；

（四）纳税人申请退税。

而安总正好是符合第（二）项的规定，他除了工资收入还有稿酬、劳务的收入，那个人汇算清缴又如何进行计算呢？

有朋友可能会问了，我们日常不是都缴纳税款了吗，为什么次年还要清算一次？

哈哈，对于只有工资、薪金收入的工薪族来说，次年进行汇缴的可能性比较小，因为根据预扣预缴办法的计算原理，我们的税金都在平时的工资发放中进行了汇缴，一方面可以减轻税务机关的工作量，防止次年出现大量需要退税的情况，另一方面也便利了纳税人，减少了税款的占用，可谓是一举两得，所得税预扣预缴的方法真是一个创举。当然了，也有可能是你年中发了一笔年终奖，又是并入综合所得计算，则可能出现税款预缴的情况。当然这是少数情况。至于年终奖，我们有时间再细聊。

工资薪金所得，综合所得中其他三项所得都是进行按税率预扣的计算原理，特别是劳务还实行了加成征收方式的预扣率，所以次年进行退税可能性很大。

这不，一大早，安总刚到办公室，就来考我了，说以他的全年收入为例，让我演算一下个人所得税是如何进行清算的。

"安总啊，你也太着急了，刚刚才3月初，你就想着退税的事了。"我调侃道。

"哈哈，万一有税要退，为啥还要客气。再说了，我考考你到底个人所得税基本算法掌握了没有，总不能子公司的财务经理们在清算中碰到问题，问你也不知道吧，你可是集团的税务专员。"

"好，没有问题。"我信心满满。

笔墨伺候到位，首先我们列出《个人所得税法》第六条规定的基本汇缴公式。

（一）居民个人的综合所得，以每一纳税年度的收入额减除费用六万元以及专项扣除、专项附加扣除和依法确定的其他扣除后的余额，为应纳税所得额。

首先，列出公式如下

应纳税所得额=（收入额-六万元减除费用-专项扣除-专项附加扣除-其他依法确定的其他扣除）×适用税率-速算扣除数

安总的工资薪金收入由以下几个部分组成。

1. 工资薪金。2019年他每月应发工资均为35 000元，全年收入为35 000×12=420 000（元）。

2. 劳务收入。安总2019年的1月、2月、3月、5月、10月时候分别应北京方圆财税培训有限公司、北京东方财税学院的邀请举办了五期的个人所得税讲座，分别收到给付的劳务费21 000元、30 000元、32 000元、32 000元、32 000元。全年劳务收入合计21 000+30 000+32 000+32 000+32 000=147 000（元）。

3. 稿酬收入。安总的五期讲座效果很好，应出版社约稿，安总的新书《新个人所得税一本通》在2019年7月出版，收到稿费30 000元。税务杂志社对安总的书中的内容又进行了连载，2019年11月又收到稿费10 000元。稿酬总额为30 000+10 000=40 000（元）。

好了！安总一年的收入为420 000+147 000+40 000=607 000（元）。

接着第二步就是……

"哎呀呀，啧！啧！啧！马小明，你是不是搞错了，下手够狠啊。我算的收入额为什么不是这个数啊？"

"安总，我不姓马，我姓梁。"我一头雾水。

"哈哈，小明啊，我当然知道你姓梁了，你像一个马大哈，所以我说你姓马啊，仔细想想有哪里算错了没？"

表 5-2 个人所得税扣缴申报表

税款所属期:2019年1月1日至2019年12月31日
扣缴义务人名称:安总
扣缴义务人纳税人识别号(统一社会信用代码):xxxxxxxxxxxxxxxxxx

金额单位:人民币元(列至角分)

序号	姓名	身份证件类型	身份证件号码	纳税人识别号	是否为非居民个人	所得项目	本月(次)情况															累计情况(工资、薪金)									税款计算					备注
							收入额计算			专项扣除					其他扣除					累计收入额	累计减除费用	累计专项扣除	累计专项附加扣除					累计其他扣除	应纳税所得额	税率/预扣率	速算扣除数	应纳税额	减免税额	已缴税额	应补(退)税	
							收入	费用	免税收入	减除费用	基本养老保险费	基本医疗保险费	失业保险费	住房公积金	年金	商业健康保险	税延养老保险	财产原值	允许扣除的税费	其他				子女教育	赡养老人	住房贷款利息	住房租金	继续教育									
1	2	3	4	5	6	7	8	9	10	11	12	13	14	15	16	17	18	19	20	21	22	23	24	25	26	27	28	29	30	33	34	35	36	37	38	39	40
1	安总	身份证	xxxx	xxxx	否	工资	35000	0	0	5000	2800	800	200	1000	0	0	0	0	0	0	35000	5000	4800	1000	1000	1000	0	400	0	21800	3%	0	654	0	0	654	
2	安总	身份证	xxxx	xxxx	否	工资	35000	0	0	5000	2800	800	200	1000	0	0	0	0	0	0	70000	10000	9600	2000	2000	2000	0	800	0	43600	10%	2520	1840	0	654	1186	
3	安总	身份证	xxxx	xxxx	否	工资	35000	0	0	5000	2800	800	200	1000	0	0	0	0	0	0	105000	15000	14400	3000	3000	3000	0	1200	0	65400	10%	2520	4020	0	1840	2180	
4	安总	身份证	xxxx	xxxx	否	工资	35000	0	0	5000	2800	800	200	1000	0	0	0	0	0	0	140000	20000	19200	4000	4000	4000	0	1600	0	86200	10%	2520	6100	0	4020	2080	
5	安总	身份证	xxxx	xxxx	否	工资	35000	0	0	5000	2800	800	200	1000	0	0	0	0	0	0	175000	25000	24000	5000	5000	5000	0	2000	0	107000	10%	2520	8180	0	6100	2080	
6	安总	身份证	xxxx	xxxx	否	工资	35000	0	0	5000	2800	800	200	1000	0	0	0	0	0	0	210000	30000	28800	6000	6000	6000	0	2400	0	127800	10%	2520	10260	0	8180	2080	
7	安总	身份证	xxxx	xxxx	否	工资	35000	0	0	5000	2800	800	200	1000	0	0	0	0	0	0	245000	35000	33600	7000	7000	7000	0	2800	0	148600	20%	16920	12800	0	10260	2540	
8	安总	身份证	xxxx	xxxx	否	工资	35000	0	0	5000	2800	800	200	1000	0	0	0	0	0	0	280000	40000	38400	8000	8000	8000	0	3200	0	169400	20%	16920	16960	0	12800	4160	
9	安总	身份证	xxxx	xxxx	否	工资	35000	0	0	5000	2800	800	200	1000	0	0	0	0	0	0	315000	45000	43200	15000	9000	9000	0	3600	0	190200	20%	16920	21120	0	12800	4160	
10	安总	身份证	xxxx	xxxx	否	工资	35000	0	0	5000	2800	800	200	1000	0	0	0	0	0	0	350000	50000	48000	17000	10000	10000	0	4000	0	211000	20%	16920	25280	0	21120	4160	
11	安总	身份证	xxxx	xxxx	否	工资	35000	0	0	5000	2800	800	200	1000	0	0	0	0	0	0	385000	55000	52800	19000	11000	11000	0	4400	0	231800	20%	16920	29440	0	25280	4160	
12	安总	身份证	xxxx	xxxx	否	工资	35000	0	0	5000	2800	800	200	1000	0	0	0	0	0	0	420000	60000	57600	21000	12000	12000	0	4800	0	252600	20%	16920	33600	0	29440	4160	
	合计						420000	0	0	60000	33600	9600	2400	12000	0	0	0	0	0	0	—	—	—	—	—	—	—	—	—	—		—	—	—	—	—	

谨声明:本扣缴申报表是根据国家税收法律法规及相关规定填报的,是真实的、可靠的、完整的。

代理机构签章: 扣缴义务人(签章):

代理机构统一社会信用代码: 年 月 日

第五章 税路漫漫真如铁

表 5-3 个人所得税扣缴申报表

税款所属期：2019年1月1日至2019年12月31日
扣缴义务人名称：安总
扣缴义务人纳税人识别号（统一社会信用代码）：×××××××××××××××

金额单位：人民币元（列至角分）

序号	姓名	身份证件类型	身份证件号码	纳税人识别号	是否为非居民个人	所得项目	本月（次）情况											累计情况（工资、薪金）							减按计税比例	准予扣除的捐赠额	税款计算							备注
							收入额计算			减除费用	专项扣除					子女教育	赡养老人	住房贷款利息	住房租金	继续教育				应纳税所得额	税率/预扣率	速算扣除数	应纳税额	减免税额	已扣缴税额	应补（退）税额	
							收入	费用	免税收入		基本养老保险费	基本医疗保险费	失业保险费	住房公积金																
1	2	3	4	5	6	7	8	9	10	11	12	13	14	15	25	26	27	28	29	31	32	33	34	35	36	37	38	39	40
1	安总	身份证	××××××	××××		劳务报酬	21000	4200															16800	20%	0	3360		0	3360	
2	安总	身份证	××××××	××××		劳务报酬	30000	6000															24000	30%	2000	5200		0	5200	
3	安总	身份证	××××××	××××		劳务报酬	32000	6400															25600	30%	2000	5680		0	5680	
4	安总	身份证	××××××	××××		劳务报酬	32000	6400															25600	30%	2000	5680		0	5680	
5	安总	身份证	××××××	××××																										
	合计						147000	29400	0		0	0	0	0	0	0	0	0	0	0	0	117600		8000	25600		0	25600	

谨声明：本扣缴申报表是根据国家税收法律法规及相关法定规定填报的，是真实的、可靠的、完整的。

代理机构签章：
代理机构统一社会信用代码：
经办人签字：
经办人身份证件号码：

扣缴义务人（签章）：　　　　年　　月

表 5-4 个人所得税扣缴申报表

税款所属期：2019年1月1日至2019年12月31日
扣缴义务人名称：安总
扣缴义务人纳税人识别号（统一社会信用代码）：×××××××××××××××

金额单位：人民币元（列至角分）

序号	姓名	身份证件类型	身份证件号码	纳税人识别号	是否为非居民个人	所得项目	收入额计算			本月（次）情况							累计情况（工资、薪金）								税款计算					备注
							收入	费用	免税收入	减除费用	专项扣除				累计专项附加扣除						减按计税比例	准予扣除的捐赠额	应纳税所得额	税率/预扣率	速算扣除数	应纳税额	减免税额	已扣缴税额	应补（退）税额	
											基本养老保险费	基本医疗保险费	失业保险费	住房公积金	子女教育	赡养老人	住房贷款利息	住房租金	继续教育	累计其他扣除										
1	2	3	4	5	6	7	8	9	10	11	12	13	14	15	25	26	27	28	29	30	31	32	33	34	35	36	37	38	39	40
1	安总	身份证	××××××	××××		稿酬所得	30000	6000													70%		16800	20%	0	3360		0	3360	
2	安总	身份证	××××××	××××		稿酬所得	10000	2000													70%		5600	20%	0	1120		0	1120	
合计							40000	8000	0	0	0	0	0	0	0	0	0	0	0	0	1.4	0	22400	1.4	0	4480	0	0	4480	

谨声明：本扣缴申报表是根据国家税收法律法规及相关规定填报的，是真实的、可靠的、完整的。

扣缴义务人（签章）：

代理机构签章：
代理机构统一社会信用代码：
经办人签字：
经办人身份证件号码：

年　月

我一脸懵,突然猛地想起,啊,我忘记这个规则了。怪不得说我是马小明了。

《个人所得税法》第六条明确规定:"**劳务报酬所得、稿酬所得、特许权使用费所得以收入减除百分之二十的费用后的余额为收入额。稿酬所得的收入额减按百分之七十计算。**"

原来是劳务报酬、特许权使用费、稿酬所得打八折,稿酬所得在八折的基础上再打七折,俗称五六折优惠。

哎呀,我真是粗心。这样算安总的收入额为:

420 000 +(147 000×0.8)+(40 000×0.56)= 420 000 + 117 600 + 22 400 = 560 000(元)

这下就对了。

其次,费用减除额为 5 000×12 = 60 000(元)。

再次,安总的全年专项扣除为 57600 元,分别为基本养老保险费每月 2 800 元,基本医疗保险费每月 800 元,失业保险费每月 200 元,住房公积金每月 1 000 元,合计每月 4 800 元。

最后,安总累计专项扣除为 49800 元。详见表 5 - 2。

个人所得税全年应纳税所得额计算如下:560 000 - 60 000 - 57 600 - 49 800 = 392 600(元)。

通过查询表 4 - 16 可知,适用 25% 税率,速算扣除数为 31 920 元。

392 600×25% - 31 920 = 66 230(元)

安总已预缴税款为:

(1)工资薪金预缴税款　33 600 元(见表 5 - 2)

(2)劳务报酬预缴税款　25 600 元(见表 5 - 3)

(3)稿酬所得预缴税款　4 480 元

　　合计　　　　　　　63 680 元

应补税款为：66 230 − 63 680 = 2 550（元）

"耶！搞定！这下没有问题了吧？"我抬头看了一下安总。

"嗯！可以！个人所得税基本计算可以出师了。"

"你知道产生应补或是应退税额主要是由哪一块收入造成的吗？"安总问道。

"主要是劳务这块，劳务里存在加成预扣预缴，你的课里提到劳务里就有四档是按30%预扣了，而你的全年的所得综合税率只有25%。因此就产生差额了。"

"聪明！孺子可教也！"

"哈哈！这下不姓马了，还是姓梁的。"我又有点小得意了。

第六章 Chapter Six
喜忧参半

第一节 挣"年薪"喽

时光飞逝，我来友好集团工作也有两年了，工作的日子紧张而充实，学习虽然辛苦但很有成就感，有时会为一个问题烦恼好久，有时为一个问题的解决而高兴许久。

你们可能会问，你整天学税法不累啊？哈哈，你们是误解了，我除了学习税法，也在学习会计，由于工作年限不够，我不能考会计师，因此我报考了注册会计师，两年的时间，我通过了四门，基础阶段还有两门。税务师也只有两门了。

自打进了友好集团，我就找回了学生时代的感觉，除了参加安总定期安排的活动和在外面接的小兼职之外（本人声明，我都是用休息时间去做的指导账，不完成本职工作，不提倡兼职哦。），我基本把时间都用在学习上了，以至于家人对我找女朋友的事很是着急。

入职时说好让我当税务会计，实际情况是基本将我当半个主管会计在用的，协助李总账处理日常账务。至于待遇嘛，我相信只有自己值钱了，才有钱，天下老板都是聪明人啊，你值多少钱，他门清。因此对于待遇问题我也没提过半句。

真是聊到啥就来啥。这不，今天，人力资源部的老蔡跑来向我道喜了。

"小明啊，恭喜啊。"

"喜从何来，我又没有女朋友，你有合适的不，介绍一个，人力资源部最清楚公司的美女分布。"我调侃道。

"差不了，女朋友就要来了。这次总经理会议通过一个任命，经老安提名，你被任命为总监助理，做老安的助手。你说是不是升职了。"

Chapter Six
第六章
喜忧参半

"人力资源部已经拟好文件了,总经理签字确认后抄送一份总裁办就可以了。"老蔡接着说道。

"小家伙,可以啊,你用两年多的时间走到你蔡叔十年才到的位置。"

"哪里啊,你是副经理啊,我才是总监助理。"我谦虚道。

"哪里啊,我的副经理是二级部门的,财务部是一级部门,一级部门的助理,相当于二级部门的副职。因此你和我是职位相同啊。"

我心里一阵激动,转头就向安总表示感谢!

安总看着我微笑着说道:"我本来想在文件下来后和你说的。你这两年工作确实出色。我都看在眼里。你也有资格当这个助理。继续努力哈!"

转头向老蔡说道:"你这个老蔡啊,就是嘴里不藏话,又提前说了。"

"哈哈,这么多年了,就是改不了这个老毛病。再者说这是好事,我就忍不住说了。"

这下办公室的人都知道了。

"小伙子,厉害啊,多多努力,有什么需要的,多和你李叔说。"李总账还是那样的真诚,没有因为我的职位超过他而表现出任何的不快,我发现自己真是掉到好人窝里了,虽然在别的部门可能存在你争我夺的情况,但起码我还没有碰到,我是幸运的。

"你定了职务,接下来就要加薪了,你这个职位在公司属于五级职位了,年薪定在13万元。我们公司向来升官发财一起来的,哈哈,我说得没错吧,我说的,你女朋友马上就要来了。"老蔡继续说道。

年薪13万元,哇!翻了快一倍了。我的小心脏那个激动啊。

转念一想。

"不对啊,老蔡和我的职位等级相同,为什么你的收入与我还是有点差别啊?你还不到12万元啊。"

"哎呀，别说了，你们财务是一级部门，在集团里即便是同等职位，年薪还是有一点点差别的，你的工资加权数比我高，因此工资就比我稍微高那么一点点。"老蔡用手指比划着那个一点点是多少。

"小伙子，真不错，挣年薪了。是这样的，你平时只发70%的工资，余下的30%留在年底发，和公司的业绩挂钩。如果今年公司业绩完成得好，你们除了30%还有额外的加薪。真是不错啊！年景好的，我见过一年拿15～16万元的都有。"老蔡又自告奋勇，向我普及公司的薪酬制度。

升职，加薪，多少年轻职场人的梦想，我现在初步实现了。

开心，必须开心，必须真的很开心，哈哈！

第二节　我要买房了

今天开家庭会，我推掉了原本安排的应酬。会议的主持人是爸爸，参加人有爷爷、奶奶、爸爸、妈妈、我。人员齐整，可见会议很重要。会议讨论的主题就是筹钱买房。自从我加了年薪，买房就提上了家里的议事日程。

我在市区上班，爷爷奶奶住着单位的公有住房，年代有点久，爸爸妈妈名下有两套房，一套平时住的，另一套是准备给我结婚用的，但离我工作单位较远，上下班不太方便。今天开家庭会就是议一议，在离市区近点的绿地世纪城买套房，不但能照顾到上下班方便，以后结婚也可以作为婚房。爸爸妈妈都是退休人员，手里也没有太多的积蓄，一套小点的也要500多万元。

小时候，爸爸妈妈工作忙，是爷爷奶奶一手将我带大，我和爷爷奶奶感情很深。虽然我已经 26 岁了，但在爷爷奶奶眼里还是个未长大的孩子。

爸爸说，今天开会主要讨论给小明买房的事情，现在房价比较高，我想卖掉家里一套房，给小明凑个首付。

爷爷奶奶打断了爸爸的话："把我们住的房子卖了，给孙子准备点钱，我们年龄大了，再过段时间进养老院，反正房子用不着，我们希望孙子尽早娶媳妇回来。现在年轻人不容易，买一套房就算不吃不喝也要攒好多年的钱"。

爸爸说了，再困难也不能让你们卖房子筹钱吧，有房才有家的味道。小明啊，我和你妈准备把郊区的那套房子给卖了，趁着现在春节前，房子比较抢手。小明你明天把房子挂到中介去卖，争取卖个好价钱。

安居房地产中介是我们当地小有名气的中介，每年的房产交易量很大，中介费便宜，信用度高，值得信赖。我联系了安居中介的置业顾问小李。小李是金牌顾问，在他手里曾成功过户 400~500 套房子。

没过几天，小李给我打来电话："有个客户愿意出 300 万元购买这套房子，小明，你看怎么样？"

"小李，这个价格还是可以的，税费是谁承担啊？"

"小明，按业内行规，税费由买家承担。"

"小李，我们还保存了当时的装修发票，这个在计算个人所得税时，还能少缴点。"

"小明，计算个人所得税时，装修费用不能扣除的，在我手下已经过户了 400~500 套房子，这个绝对没有疑问"。

"不对吧，因我爸爸妈妈有两套房，出售其中一套的话就不能享受税收优惠的规定了，依据国税发〔2006〕108 号文件规定的征税处理，以实际成交价格减去房屋原值和合理费用的差额予以征税，装修费用可以扣除，但是有限额的。房子卖了 300 万元，买房时花了 40 万元，装修费用花了 6 万元（有发票），装修费用至多扣除房产原值的 10% 即 $40 \times 10\% = 4$（万元），则应征个人所得税为 $(300 - 40 - 4) \times 20\% = 51.2$（万元）。"

"小明，原来是这样啊，以前的我都搞错了，谢谢。丢人丢大发了。"小李连声向我道谢，好为人师的我，心里还是美美的。

过了几天，小李神神秘秘地给我打了电话："小明，你和买家签两份合同，一份合同价签得低点，省下的税，你拿 1/3，怎么样？"

"这怎么能行呢，纳税是每个公民的义务，况且，这就是偷税行为，被发现不但要补税，还要被处罚，加收滞纳金，影响个人信用，不行，绝对不行。"

小李听完，也只好作罢。

又过了一个星期，买卖双方顺利交割。爸爸今天心情不错，对我说："小明你做得对，这次表现不错，不但专业知识过硬，而且抵制了社会的不良风气，爸爸为你点赞，但不能骄傲，趁年轻好好学，争取把注册会计师、税务师拿下，树立个目标，以后当个财务总监"。

"爸爸我也有两个问题，今天想问问你，如果爷爷卖房要交个人所得税吗？如果爸爸把家里的房子赠与你，要交个人所得税吗？你就教教爸爸这个学生"。

我回答："爸爸，如果爷爷奶奶将自己居住的唯一的房子出售，因自用已达十年之久，依据《财政部 国家税务总局关于个人所得税若干问题的通知》（财税字〔1994〕20 号）的规定，**个人转让自用达五年以上的、且是唯一的家庭生活用房的所得，暂免征收个人所得税**。"

"依据《财政部 国家税务总局关于个人无偿受赠房屋有关个人所得税问题的通知》（财税〔2009〕78 号）的规定，如果爸爸妈妈将房产赠与我，则不予征收个人所得税。

免征和不征是有区别的。免征是该事项在个人所得税规定的征税范围内，因财政部、国家税务总局出台了相关优惠政策，免除了缴纳个人所得税的义务。而不征是指该事项不在个人所得税规定的征税范围内，不予征税处理。但两者的结果是一样的，都不用缴税"。

爸爸夸了我："你学得有模有样，今年11月等你税务师的好消息。哈哈！"

第三节　光荣地加入"房奴"大军

卖了郊区的房子，再加上动用了"六个钱包"（爸爸、妈妈、爷爷、奶奶、哥哥和姐姐六个钱包），我总算在绿地世纪城买了一套房，总价550万元，首付300万元，约定今年8月30日交房，盼星星盼月亮，总算约定的时间到了，怎么都没有接到交房的通知啊？难道出现什么状况了？

周末，我骑着电动车去绿地世纪城看了看，不对劲啊，楼房还没有封顶，小区的绿化还没有做好，赶紧去售楼部问问什么情况。售楼部的小姐说，由于施工方的原因，要延期交房了，您放心好了，合同有约定，延期一天，赔偿150元，一个月赔偿4 500元。我心里想，每个月的违约金差不多够还房贷的，这也不错啊。

一晃半年过去了。一天，我接到售楼部小姐的电话：

"请问是梁小明吗？"

"是的。"

"请于本周六来售楼部领取房钥匙。"

一想到自己成为有房一族，我特别激动。延期6个月交房，每个月的违约金为4 500元，6个月的话，我要拿到27 000元违约金，够装个中央空调了。

到了售楼部，顺利办好了交房手续，最后一个环节是结算违约金。售楼部小姐说："先生，开发商延期交房半年，应付违约金27 000元给你。"

真是不错，这27 000元我可以搞一个中央空调了，对了，中央空调是什么牌子的好？

哈哈，我又想上了。

售楼部小姐又说："但这个违约金，我们要代扣20%其他所得个人所得税，扣税后，你得到21 600元。"

"这个也缴个人所得税？"我有点疑惑。

售楼部小姐肯定地说："是的，个人所得税有11个所得税目，第11个所得税目为其他所得。房地产开发企业作为支付所得方，应履行代扣代缴义务。"

看到售楼部小姐一本正经地向我普法的样子，我就笑了："那是几年前的事了，现在根本没有其他所得这个项目。你肯定搞错了。"

"啊，我可是收了好几个人的钱了。"售楼部小姐惊得不轻。

第四节　工资外的小收入

入职三年多了，今年大家都说我运气好到爆棚。前段时间涨了年薪，又被提拔为老安的助理。老安是财务副总监，是集团公司财务二把手，

第六章
喜忧参半

负责整个集团财务运行日常管理，并协调统筹总管集团税务方面的工作。别人都用"希望之星""明日之花"，来形容我。但他们说我是运气好，我是有点不承认的。所谓的运气，其实大部分是自己的努力。我的运气是碰上老安这样的好领导。所谓的人生的好运气不是中500万元大奖，而是有人带你走向更大的舞台。老安就是这样的好领导，他说我极像他年轻的时候，学习有一股子钻劲。的确如此，从刚入集团公司的第一天起，我从一个连个人所得税都不会计算的税收"小白"，到现在集团里的"税务小专家"，我付出很多的努力。

晚上回到家，别人忙着追剧、刷朋友圈、侃大山，而我在饭后七点钟就准时开始学习，每天除了上班工作外，回家再外加两个小时学习。为了让自己更静心地学习，我将房间的电视机都拆了。家人说我像变了一个人，以前在大学都没有这么认真过。这有两个方面的原因，一方面是我对税收越来越感兴趣了，另一方面也是榜样效应。我刚到集团公司的时候，老安才来九个月，看到他处理事务的那份从容与自信，我惊叹，原来做税务专业人士也可以这么牛的。都说榜样的力量是无穷的，我就希望自己有朝一日能成为老安这样的专业人士。

我的勤奋与钻研同时也得到公司的认可。这不，按照公司的有关规定，我这个级别的员工可以拿出10万元的资金借给公司，公司按照年利率15%给我们计算利息。税费自己负担后，收益也是很稳定的。

我曾经比较过两个投资方案。

第一种方案，工资存银行，那收益太低了，几乎可以不用考虑。还赶不上通货膨胀。

第二种方案，投入股市，经过半年多的实践，我总结，股市这玩意，不靠谱，股评大嘴说的什么"钻石底""婴儿底""打死不穿底"，到最后都一一破了，后来才知道，所谓的什么底，最多在半山腰。到了山脚还有地下室，地下室还分十八层呢。总之到处是陷阱。我自己的兴趣也不在股市上面。只有把钱借给公司还算靠谱，公司的综合实力摆在那里，这个多少有点福利的成分在里面，因此有职务级别的才能参加。

一说到借款给公司，我的税收思维又上来了。

借款给公司，涉及的税种有增值税、个人所得税……

我边写边画在 A4 纸上列了起来：

第一点：《个人所得税法实施条例》规定：**利息、股息、红利所得，是指个人拥有债权、股权而取得的利息、股息、红利所得。税率为 20%**。

第二点：还要签订合同，这点很重要。这段时间，老安带着我在清理集团下属一家子公司的涉税风险事项，就遇到了这个问题。这家公司由于成立早，历史问题也多，到现在都没有清理完毕。早先就有员工借款给公司没有签订合同。合同订立时还要注意，在借款合同中注明借款的用途必须是用于公司正常经营，从而体现出企业与个人之间的借贷是真实、合法、有效的，并且不具有非法集资目的或其他违反法律、法规的行为。

"对，还有第三点，要开具发票，这个不属于税前扣除文件里规定的可以不取得发票的情形，因此必须取得发票。"我自言自语道。

还有……还有……

正当我冥思苦想的时候，老安从赵总的办公室回来了，看到我纸上写的 1、2、3 频频点头。

"嗯，有进步，学习得不错。学税法一定要注意总结。"

"还有什么要注意的点没有？"老安问。

"应该没有了，你看，有发票，有合同，要缴纳增值税，还要缴纳个人所得税。"

"哈哈，"老安爽朗地一笑，"我举个例子给你说说。"

第六章
喜忧参半

"例如,我们集团的副董事长李总,他如果借款给企业,他同时又是公司的个人股东,权益性投资为200万元,市场上的同期同类贷款利率为15%,他的借款利率是18%,总共借了450万元给公司,那么企业所得税前列支的利息费用是多少?"

"老安,你又在骗我,什么同期同类贷款利率,什么股东权益性投资多少。这个是企业为实际生产经营活动而发生的,当然可以全额可以扣除了。我才不入你的圈套。"我心里想着。

"答案是 $450 \times 18\% = 81$ 万元。"

"不对,你有两个限制条件没有考虑到。"老安回复到。

第一,李副董事长借款给集团公司,由于他是股东,因此就构成了关联方关系,是关联关系,就要受《关于企业关联方利息支出税前扣除标准有关税收政策问题的通知》(财税〔2008〕121号)的调整。

在计算应纳税所得额时,企业实际支付给关联方的利息支出,不超过以下规定比例和税法及其实施条例有关规定计算的部分,准予扣除,超过的部分不得在发生当期和以后年度扣除。

企业实际支付给关联方的利息支出,符合本通知第二条规定外,其接受关联方债权性投资与其权益性投资比例为:

(一)金融企业,为 **5:1**;

(二)其他企业,为 **2:1**。

我们属于文件里面说的其他企业,这个文件说明,李副董事长借款给公司是有额度限制的,如果他投的资本是200万元,那最高借款额度不高于其两倍,也就是400万元,这是这个文件做的限定。

《中华人民共和国企业所得税法实施条例》(中华人民共和国国务院令第512号)第三十八条规定:

企业在生产经营活动中发生的下列利息支出，准予扣除：

（一）非金融企业向金融企业借款的利息支出、金融企业的各项存款利息支出和同业拆借利息支出、企业经批准发行债券的利息支出；

（二）非金融企业向非金融企业借款的利息支出，不超过按照金融企业同期同类贷款利率计算的数额的部分。

我们为第（二）项所调整。

"'不超过按照金融企业同期同类贷款利率'又是什么东西，有什么依据吗？"我顺着老安的思路追问了下去。

"有的。"

《国家税务总局关于企业所得税若干问题的公告》（国家税务总局公告 2011 年第 34 号）第一条"关于金融企业同期同类贷款利率确定问题"规定：

根据《实施条例》第三十八条规定，非金融企业向非金融企业借款的利息支出，不超过按照金融企业同期同类贷款利率计算的数额的部分，准予税前扣除。鉴于目前我国对金融企业利率要求的具体情况，企业在按照合同要求首次支付利息并进行税前扣除时，应提供"金融企业的同期同类贷款利率情况说明"，以证明其利息支出的合理性。

"金融企业的同期同类贷款利率情况说明"中，应包括在签订该借款合同当时，本省任何一家金融企业提供同期同类贷款利率情况。该金融企业应为经政府有关部门批准成立的可以从事贷款业务的企业，包括银行、财务公司、信托公司等金融机构。"同期同类贷款利率"是指在贷款期限、贷款金额、贷款担保以及企业信誉等条件基本相同下，金融企业提供贷款的利率。既可以是金融企业公布的同期同类平均利率，也可以是金融企业对某些企业提供的实际贷款利率。

Chapter Six
第六章
喜忧参半

"这下清楚了吧，也就是说，李副董事长借款受两个条件制约，一个是借款额度，一个借款的利率"。

"如例子中所说的，实际权益性投资是200万元，那就是最高不能超过400万元的借款额度，而利率受到同期同类贷款的限制，只有这两个条件都达标了，才能在企业的所得税税前完全扣除，也使企业及个人的收益达到最大化。"

"我自己在年轻的时候，代理过一家贸易公司的账务，这家公司刚成立，老板先期投了50万元作为注册资本，公司才刚运作起来，老板又筹集了100万元，想增资，我考虑到，这个老板人脉关系广，将来获利应该不错，又没有银行贷款，现在小企业贷款都很困难的。而贸易公司能税前列支的成本费用又很少。

我就说：'除非你对注册资本有特别的需要，否则这个100万元，建议不做增资，以股东借款的名义投入好了。将来股东借款利息可以在税前列支，而你增加了注册资本，将来一旦有资金急需就不好调动了，再说你没有银行贷款，利息支出成本为零，而你有股东借款，将来可以支取利息，而利息又是税前可以列支的。你如果分红要在企业缴纳25%的企业所得税后再缴纳20%的个人所得税才行。'经过这么一安排，老板就能名正言顺地拿着利息过日子，这样税负率也低。

假如有200万元的利润（在不考虑利息的情况下），一个有利息假如是20万元，一个没有利息要分红。

方案一，有利息的那个不用分红，老板有固定收益了，企业利润总额为 $200-20=180$（万元）。

企业净利润为 $180\times(1-25\%)=135$（万元）。

方案二，$200\times(1-25\%)=150$（万元）。如果分红20万元，企业

的税后净利润为 150 - 20 = 130（万元）"。

"而且如果方案考虑周到，其他条件都具备，方案一还可能享受小型微利的企业所得税优惠。而方案二由于税前扣除成本少，缴纳企业所得税也高。我这只是说了一个思路，就是所谓的税收挡板效应。"

我频频点头。

"所谓的税收筹划就是对税收规则熟悉以后，在规则内的合理运用，以此来降低税负。这样合理又合法。"

原来借款给企业也有这么多的学问，真是"路漫漫其修远兮，吾将上下而求索"。

第五节 第一次出手

利用年假的休息时间，我去南京的表姐夫家做客，很多年没见，表姐夫对我十分的热情。听说我在北京一家集团公司做税务方面的工作，就跟我聊起了最近这段时间的一件烦心事，因为他自己的公司正在进行股改，准备上"新三板"。但当地税务局却让其补缴个人所得税。

"股改，要补缴什么个人所得税？"一听这个我来了兴趣。

"是啊，具体的我不是专业人士我不懂，我介绍我们的财务经理王超给你认识吧。他业务也不错。"

王超高高瘦瘦，白净的脸上配一副金丝边的眼镜，一聊起才知道，原来我和他还是上海财经大学的校友，只不过王超比我高一届，也是专业上的一把好手。

因为是校友一下子拉近了我和王超的距离。经过详谈了解到，事情的原委是这样的，表姐夫在七年前与另一位朋友看准了国内的保健品市场，准备办一家公司，技术上我表姐夫负责，另一个股东负责销售。公司主营业务是从虾壳中提取营养素，做成系列保健品用于销售。公司注册资金1 000万元，两位股东各出资500万元。

五年后，表姐夫的公司生意越做越大，已经是省级高新技术企业了。表姐夫的另一个朋友想加入，那位朋友愿意以2 000万元出资，占股份20%，经股东再三商议，同意入股并办理股权变更手续。这样总股本变成了1 250万元，余下的资金2 000 - 250 = 1 750（万元）进入了资本公积，表姐夫和原来的那位股东出资不变，各占总股本的40%，新入那位股东占20%。去年这家公司的销售额已经达到1.5亿元，三个股东商议着，准备股改上市，为了增大注册资本，将未分配利润、盈余公积和原来的1 750万元的资本公积，转增了注册资本。

"对于将未分配利润、盈余公积转增资本缴纳个人所得税，三位股东都想不通。"王超说道。

股东们的意见都很一致：我没有拿到一分钱，就是会计科目变了一下，为什么还要交税？又不是分红。

"我只能一个个地做政策说明。"王超说。

"对于未分配利润，按照'利息、股息、红利所得'项目征收个人所得税。与股东分红，再拿现金去增加注册资本是一个道理，尽管股东没有拿到现金，但同时得到股权。《中华人民共和国个人所得税法实施条例》第八条规定：'**个人所得的形式，包括现金、实物、有价证券和其他形式的经济利益。**'股权也属其他经济利益。后来他们也是理解了。"

"至于盈余公积转增注册资本，《国家税务总局关于盈余公积金转增注册资本征收个人所得税问题的批复》（国税函〔1998〕333号）规定如下。

各省、自治区、计划单列市财政厅（局）、国家税务局、地方税务局：

《关于青岛路邦石油化工有限公司公积金转增资本缴纳个人所得税问题的请示》（青地税四字〔1998〕12号）收悉。经研究，现批复如下：

青岛路邦石油化工有限公司将从税后利润中提取的法定公积金和任意公积金转增注册资本，实际上是该公司将盈余公积金向股东分配了股息、红利，股东再以分得的股息、红利增加注册资本。因此，依据《国家税务总局关于股份制企业转增股本和派发红股征免个人所得税的通知》（国税发〔1997〕198号）精神，对属于个人股东分得再投入公司（转增注册资本）的部分应按照'利息、股息、红利所得'项目征收个人所得税，税款由股份有限公司在有关部门批准增资、公司股东会决议通过后代扣代缴"。

"文件的意思已经很明确了，因此也要缴纳个人所得税。"王超继续讲述道。

"但当他们得知1 750万元的资本公积要也缴税的时候，刚参股进来的那位股东更是情绪激动。他说这是自己掏的钱，凭什么还要让他再缴一道个人所得税。"

"这个我也想不通，我的立场也很明确。"王超继续说道："根据《国家税务总局关于股份制企业转增股本和派发红股征免个人所得税的通知》（国税发〔1997〕198号）的文件规定：**股份制企业用资本公积金转增股本不属于股息、红利性质的分配，对个人取得的转增股本数额，不作为个人所得，不征收个人所得税。**"

"什么是股份制企业？体改生〔1992〕30号文件第三条明确提出：'我国有股份制企业主要有股份有限公司和有限责任公司两种组织形式。'说明有限责任公司，也是股份制企业的组织形式之一。符合文件规定。"

"那什么是资本公积金？《企业会计制度》（2000年版）第八十条第

第六章
喜忧参半

（一）项规定：**一般企业实收资本应按以下规定核算：**

1. 投资者以现金投入的资本，应当以实际收到或者存入企业开户银行的金额作为实收资本入账。实际收到或者存入企业开户银行的金额超过其在该企业注册资本中所占份额的部分，计入资本公积。"

"说明资本公积金做在这个科目是合理的，把上面两条总结后，按照国税发〔1997〕198号文件的规定，以资本公积金转增资本是不用交个人所得税的。文件没有规定的当然不需缴纳个人所得税。"

我听完王超的描述，觉得他的功底也不一般，能引经据典，如果我不知道后面的文件规定，他的论据是完全正确的。

"这个人所得税还是要交的，我也做过总结。"我说道。

"哦？说来听听。"

"《国家税务总局关于原城市信用社在转制为城市合作银行过程中个人股增值所得应纳个人所得税的批复》国税函〔1998〕289号的第二条规定：

《国家税务总局关于股份制企业转增股本和派发红股征免个人所得税的通知》（国税发〔1997〕198号）中所表述的'资本公积金'是指股份制企业股票溢价发行收入所形成的资本公积金。将此转增股本由个人取得的数额，不作为应税所得征收个人所得税。而与此不相符合的其他资本公积金分配个人所得部分，应当依法征收个人所得税"。

"文件里提到了是股票发行溢价形成的，你们公司是有限责任公司，给股东的只有出资证明书，不发行股票。因此产生的资本公积金不属于这个文件规定的范围。要缴纳个人所得税。"

"你说的只是对个案的批复，何况我的文件也是有效的，不能说明按这个就要征税。"王超坚持道。

"你说的是对的,当时出台这两个文件后,在实践中确实不好把握。"我说道。

"但你可以查阅国税发〔2010〕54号文件中的第二条第(二)项,明确规定:1. 加强股息、红利所得征收管理。重点加强股份有限公司分配股息、红利时的扣缴税款管理,对在境外上市公司分配股息红利,要严格执行现行有关征免个人所得税的规定。加强企业转增注册资本和股本管理,对以未分配利润、盈余公积和除股票溢价发行外的其他资本公积转增注册资本和股本的,要按照'利息、股息、红利所得'项目,依据现行政策规定计征个人所得税。"

"因此这个资本公积转增注册资本除了股份制企业股票溢价发行收入所形成的资本公积金外,其他形成的资本公积都要缴税。"

房间里的空气仿佛凝固了,因为想着还要缴税,表姐夫也是明显闷闷不乐。我真希望能帮帮他。

"税务局是什么意见?"我想打破这沉寂的气氛,随口问了一句。

"他们很明确,说是根据文件规定,让我们一次性缴纳。这可是个不小的数字呐,说是别的企业都是这样做的。"

"一次性缴纳"这几个词,让我听了一激灵,我受老安的长期影响,他经常说,税收优惠不但包括税收金额的直接减免,还包括延期纳税。纳税人可以通过延期纳税提高资金的使用效率,相当于取得一笔无息贷款。

"有没有延期缴纳方面的政策?"我问王超。

"有是有,但没什么用,是地区性政策。我当时想,如果实在和税务局谈不下来,那就想办法延期或是分期缴纳,那样资金压力也小点。"

"文件号是多少?"

"财税〔2013〕73号,《财政部 国家税务总局关于中关村国家自主创新示范区企业转增股本个人所得税试点政策的通知》第一条规定：企业以未分配利润、盈余公积、资本公积向个人股东转增股本时，应按照'利息、股息、红利所得'项目，适用20%税率征收个人所得税。对示范区中小高新技术企业以未分配利润、盈余公积、资本公积向个人股东转增股本时，个人股东一次缴纳个人所得税确有困难的，经主管税务机关审核，可分期缴纳，但最长不得超过5年。"

"那只适用于中关村，我们在南京，用不到。"

抱着死马当活马医的想法，我用随身带的笔记本电脑打开了中税答疑税法查询软件"税联网"，想找找有没有惊喜，我确实太想帮表姐夫了。

"财税〔2015〕116号。"果然有惊喜，我和王超几乎同时跳了起来。

"文件第三条规定。"我和王超抑制不住内心的狂喜，异口同声地大声念了起来。

"三、关于企业转增股本个人所得税政策

1. 自2016年1月1日起，全国范围内的中小高新技术企业以未分配利润、盈余公积、资本公积向个人股东转增股本时，个人股东一次缴纳个人所得税确有困难的，可根据实际情况自行制定分期缴税计划，在不超过5个公历年度内（含）分期缴纳，并将有关资料报主管税务机关备案。

2. 个人股东获得转增的股本，应按照'利息、股息、红利所得'项目，适用20%税率征收个人所得税。"

"可以分5年，可以分5年。"我们兴奋地重复着。

"能分5年？"表姐夫眼睛一亮。

"能分，能分，5个公历年度。"

文件第三条还规定：**中小高新技术企业，是指注册在中国境内实行查账征收的、经认定取得高新技术企业资格，且年销售额和资产总额均不超过 2 亿元、从业人数不超过 500 人的企业。**

第四条规定：**高新技术企业，是指实行查账征收、经省级高新技术企业认定管理机构认定的高新技术企业。**

"我们完全符合要求，没有任何问题。"王超还是很兴奋。

我们接着又找到了国家税务总局公告 2015 年第 80 号。该文件规定第三条规定：**办理转增股本分期缴税，企业应向主管税务机关报送高新技术企业认定证书、股东大会或董事会决议、《个人所得税分期缴纳备案表（转增股本）》、上年度及转增股本当月企业财务报表、转增股本有关情况说明等。**

高新技术企业认定证书、股东大会或董事会决议的原件，主管税务机关进行形式审核后退还企业，复印件及其他有关资料税务机关留存。

所需备案报送的资料都列得清清楚楚。

"这下好了，$1\,750 \times 20\% \div 5 = 70$（万元），每年只要 70 万元"，表姐夫也有点兴奋地说道，"这样我们的压力也小多了。"

"不是均分，是'**可根据实际情况自行制定分期缴税计划，在不超过 5 个公历年度内（含）分期缴纳**'看到了吧，是根据实际情况。不是平均分摊。"

"那我们前面 4 年可以只交极少的一部分，等后面资金宽裕了再多交。"

"完全可以，完全可以。"我和王超一起说道。

"这下好了，你们可帮我解决了大问题啊，要不我都愁死了，一下子三个股东就要出 350 万元的税金。"

王超也很快拨通税务局的电话。经过一番沟通，对方完全接受我们的意见。

"晚上我们请你们吃大餐，请你们两个小专家。"

"哈哈，好啊，能分5年缴纳。"

"还可以先少缴点。好啊！好！"表姐夫自言自语着，并马上将这个消息报告给其他两位股东。

听着表姐夫的话，我却突然有一股说不出的心酸，现在办实体企业太不容易了。想做好企业，负担又那么重，有时个人所得与现金流不匹配，造成缴纳时巨大的资金压力。表姐夫还是幸运的，要不是中小高新技术企业符合文件的条件，别说我和王超，就算老安来了也没有一点办法，因为没有政策，都是全额一次性缴纳个人所得税。现在做实体的企业家们的压力很大。我心里默想着。

这次经历，也让我更深刻理解了学好税法是多么的重要，能帮助自己想帮的人，帮他们在合理合法的范围内减轻税收负担。我也为当时我自己的选择而感到骄傲，为有老安这样的好领导带着我进步而感到庆幸。

当然，我还结识了王超同学，他的税法功底也不差啊。此后我们的联系就很频繁了。后来我们还合伙开了家税务师事务所。

第六节　李总账的烦恼

从南京回来后，我发现李总账最近挺烦，听同事们私下说是因为五年前的一件事。那时他的二弟和别人共同出资成立一家公司，李总账挺看好这家公司的前景，加上正好卖了一套房子，手头有点余钱，就在他二弟那里投了30万元，但前提是以二弟的名义出资，因为只有他二弟才能拿到股份，由于当时没有好的投资项目，因此李总账就答应了。

谨慎的李总账还是签订了代持股的协议，约定了各个事项。五年后的今天，没想到当时的小公司，发展得太快。现在都要上"新三板"了。当时的30万元，现在已经值270万元了。李总账特别高兴啊！

但烦恼随之而来。李总账要从二弟那里拿回股份，税务机关却认定其为股份转让，要缴纳20%的个人所得税，（270－30）×20%＝48（万元）。

这哪行啊，这就是我自己的股权，双方原来还签订过代持协议，根本不属于股权转让啊。但不管如何解释，税务机关就是不松口。原因很简单，说现在签个协议太简单了，只要签个协议，可以将股权转让变成代持股，这样税务机关对于个人股权转让，一分钱的税款都收不到。

李总账这几天是拿着这个协议看了又看，口中还念叨着：

"自己的东西拿回来而已，还要缴纳个人所得税。"

我也挺为他着急。我想只要证明合同有效或者不拿回来继续代持股总可以了吧？

于是我就拨通我的大学同学周峰他老爸的电话，周峰是我读大学的时候很铁的哥们，周峰的老爸是业内比较有名的律师，现在在南京开律师事务所。

"你好，周叔，有事要请教一下。"我说。

"小明，你说，只要我能帮到你的一定帮忙。"

"我的同事，五年前让他二弟代持了股份，现在公司要上市，说是转让还要缴纳个人所得税。这么麻烦啊，我不转总可以吧，反正有双方签订的协议。"

"小明啊，税收上的事，我不是很清楚，但代持股在法律方面的问题我还是比较了解。你刚才所说的股权问题在上市之前是一定要解决的。《首次公开发行股票并上市管理办法》第十三条明确规定：**发行人的股权清晰，控股股东和受控股股东、实际控制人支配的股东持有的发行人股份不存在重大权属纠纷**。这个不明确，将来上市后如果出现产权纠纷，不是要给公司带来很大的不确定性吗？因此这个权属是必须要划分清楚的。"

"噢，这样的啊，你说得也有道理。唉，看来没办法了。"我有点泄气地说。

"你们同事当时有没有签订代持股的协议啊？"听出我有点泄气，周叔接上话茬问道。

"有的，这个有的，我同事当时怕以后说不清楚，就签订了一个代持股的协议。"李总账赶紧接过话解释道。

"好，那就好办一点儿了。"

"根据《最高人民法院关于适用〈中华人民共和国公司法〉若干问题的规定（三）》（法释〔2011〕3号）第二十五条的规定：**有限责任公司的实际出资人与名义出资人订立合同，约定由实际出资人出资并享有投资权益，以名义出资人为名义股东，实际出资人与名义股东对该合同效力发生争议的，如无合同法第五十二条规定的情形，人民法院应当认定该合同有效。**

前款规定的实际出资人与名义股东因投资权益的归属发生争议，实际出资人以其实际履行了出资义务为由向名义股东主张权利的，人民法院应予支持。名义股东以公司股东名册记载、公司登记机关登记为由否认实际出资人权利的，人民法院不予支持。

实际出资人未经公司其他股东半数以上同意，请求公司变更股东、签发出资证明书、记载于股东名册、记载于公司章程并办理公司登记机关登记的，人民法院不予支持。"

"那么《中华人民共和国合同法》第五十二条是怎么规定的？"

"有下列情形之一的，合同无效：

（一）一方以欺诈、胁迫的手段订立合同，损害国家利益；

（二）恶意串通，损害国家、集体或者第三人利益；

（三）以合法形式掩盖非法目的；

（四）损害社会公共利益；

（五）违反法律、行政法规的强制性规定。"

"这些你们应该没有吧？"

"这个没有，绝对没有，我们都是平等协商一致签订的。"

"那就好，按照法律的规定，你们当时签订的合同是有效的。"

"那太好了。合同是有效的，我这就可以去解释了。"李总账高兴地说道。

解决了合同问题，我也松了一口气，认为这下应该没问题了。

没想到，第二天李总账又郁闷上了。

原来现实又给了李总账一记闷棍，税务局给出的解释是：合同有效，只是证明你和你二弟之间的代持是有效的，不能对抗第三人。法律承认双方的合同有效并不改变股权登记对外效力，这是《中华人民共和国物权法》明确规定的，以登记为有效条件。在股东的名册登记的依然是你二弟的名字。我们只认定你二弟才是股东，他将股份给你就是转让。

"真是白高兴一场。"我有点扫兴。

我仰着脑袋，靠着椅背，眯着小眼，陷入了思索中。

这是我这近两年养成的习惯，每当遇到难事就这样。同事们都笑我：看，小明又要发功了。这个倒不是什么发功，但我确实相信，经过深入

第六章
喜忧参半

思考，有时真的会灵光一现。

"股权、二弟的，其实是李总账的。"口中还轻轻地念着。

突然灵光一现。

"对了，二弟不是你的亲属吗，你可以低价转让啊。"

根据《国家税务总局关于发布〈股权转让所得个人所得税管理办法（试行）〉的公告》第十三条规定：**符合下列条件之一的股权转让收入明显偏低，视为有正当理由**，其中的第（二）项明确规定：

继承或将股权转让给其能提供具有法律效力身份关系证明的配偶、父母、子女、祖父母、外祖父母、孙子女、外孙子女、兄弟姐妹以及对转让人承担直接抚养或者赡养义务的抚养人或者赡养人。

"对啊，把这茬给忘了，反正我只要拿回股权，管他用什么方法来着，低价转让就低价转让呗。"

"哎呀呀，我简直是前推一百年、后推一百年都找不出来的税法天才啊。"我顿时自信心又膨胀起来。

"馊，真馊，这主意。"一直默不作声的老安的口中飘出了这句话。一下子就让我发热的脑袋冷了下来。

近来老安老是对我泼冷水，我后来才知道老安的用心良苦，学税法有一定基础后，人难免会飘起来，而一旦骄傲了，就不会再去学习去进步了。

"且不说你的方案会不会为税务局认可，你是有明确的代持协议的，为什么要向股权低价转让上靠？低价转让将来指不定家里多少麻烦事在等着老李。税收筹划最忌讳的就是为了节税而偏离经济业务的本质。你的问题，实际上也有一个文件可以参考一下。"

《国家税务总局关于企业转让上市公司限售股有关所得税问题的公

告》(国家税务总局公告2011年第39号)第二条第(二)项明确规定:**依法院判决、裁定等原因,通过证券登记结算公司,企业将其代持的个人限售股直接变更到实际所有人名下的,不视同转让限售股。**

"因此我的意见是可以根据这个文件,通过法院判决、裁定的途径来解决,虽然会比较麻烦,但没有后顾之忧,是什么样的业务实质就要通过什么样的途径来解决,而不要为了节约税款走偏门。"

"假定老李现在的股权纠纷不是和二弟之间的,而是与其他朋友的,就没有办法解决了。"老安继续说道。

听完,我若有所思,似乎我近来跌入了为了节税而节税从而忽视业务的本质的怪圈。

而李总账的事,后来也通过对方公司的协调,据说是通过法律途径解决的希望很大。

第七章 Chapter Seven
我的稽查历险记

虽说这三年多来，我学习了不少税收知识，在集团内也是个有名气的小专家，但稽查这件让大部分企业财务谈虎色变的事，我也是第一次碰到，难免会出些洋相，但经历也是一笔财富，我也用我的朴实笔调，将这件事原原本本地记录下来，和读者一起分享。

第一节 我出了洋相

前几天我接到稽查局打来的电话，说是随机抽查抽到我们公司了，要对2014到2016年会计年度的账簿进行税务稽查。这几天我心里不断自责，觉得是我自己平时工作没有做好才被抽到。安总看到我有压力，不断地安慰我，抽到也是好事，如果查出问题，便于我们加强整改，同时我们平时的工作也是严格按照税法执行的，不要有什么心理负担，还是抓紧整理一下被稽查年度的会计凭证和账簿。

第一次经历税务稽查，我心里有点紧张。江湖上流传着很多有关稽查的传奇故事，让我有几分期待，想揭开稽查神秘的面纱。

事情过去了两天,我一直心里惦记着税务稽查的事情,在上班途中,突然接到了安总的电话。

"小明,你现在到哪里了?稽查局的同志已经到我们单位了。"

我看了一下时间,不到八点,税务人员真是勤勉,这么早就来单位开展工作。

"好的,我在上班途中,马上就到单位。"

一进办公室,安总就向我介绍两位稽查的同志。

"小明,这位是赵科长,这位是刘主任。"

然后介绍了我:"这是我们单位的梁小明"。

我定睛一看,简直不敢相信自己的眼睛,这不是表哥吗?

安总问:"赵科长和小明以前认识啊?"

我连忙接过话说,何止认识啊,这是我表哥啊。

表哥说:"以前我在县稽查局工作,今年年初调入市稽查局,这是我接手的第一个案件。"

我连忙说:"表哥你辛苦了,还请多多关照啊。"

"安总,小明,这是检查通知书,这是检查通知书送达回证,麻烦签收一下,送达回证应该由法定代表人、财务负责人、负责收件的人签收。你们单位也可以委托代理人,由代理人签收。"表哥把检查通知书和回证递给了安总。

"我们单位委托小明处理本次稽查事宜,由小明来负责本次检查的对接工作。"安总说着就把这些东西转手给了我。

我感到压力很大啊,可能安总也在故意压担子,锻炼我。

"同时,我们需要调取2014—2016年会计账簿、会计凭证,请你们配合。调取以前年度会计账簿的,三个月内归还。"表哥又说。

忙了一阵子,已经到中午11:40了,外面的太阳火辣辣的,表哥他们依然要走,也不好强留吃饭。

表哥走后,安总在背后表扬一番,说税务人员的素质真是高,不给企业添麻烦。

天热,今天午睡没有休息好,正在打盹,手机铃响了,原来是表哥打来的。

"表哥啊,有什么事情吗?"

"我考虑再三,因你我是亲戚关系,我向领导汇报了,本次检查我申请回避。"表哥说。

我一听,心里咯噔一下,我可是在李总面前吹嘘过,检查组中我有人啊。

"为什么要申请回避啊?"我问表哥。

"《中华人民共和国税收征收管理法》第十二条规定,**税务人员征收**

税款和查处税收违法案件，与纳税人、扣缴义务人或者税收违法案件有利害关系的，应当回避。**同时，《中华人民共和国税收征收管理法实施细则》第八条规定，有夫妻关系、直系血亲关系、三代以内旁系血亲关系、近姻亲关系、可能影响公正执法的其他利害关系都应当回避**。我属于按规定应该回避的情形，为了避嫌，我向领导申请回避，并得到批准"。

我心里想，我在李总面前的牛已经吹过了，想不到表哥来这么一招，真是尴尬啊。

"以后胡科长和刘主任会检查你们单位的，有事情多沟通、多交流。"表哥电话里叮嘱我。

"好的，谢谢表哥。"我嘴上说着，心里那个纠结啊！

过了一个月左右，我依然记挂着税务稽查的事情，一天突然接到稽查局刘主任的电话。

"小明啊，我们初步检查的结果已经出来了，你明天来稽查局，看看对我们的检查结果有没有什么意见。"

我将明天要去稽查局交流检查结果的事情向安总做了汇报。

"小明，李总有指示，税款低于5万元，看一下没有什么大问题的，你直接签同意，给你授权了。"

我到稽查局找了刘主任，看了刘主任给我的《税务检查情况核实情况表》，上面列拟查补金额4.9万元。我想起李总的授权，低于5万元，可以直接签同意，详细内容我都没仔细看，就签了同意。

"小明，核实情况表给你一份带回去。"

我心里想，这事办得太容易了，很顺利，领导会表扬啊！

到单位，我将核实情况表交给安总，安总看着核实情况表，但表情写满了疑惑。

"小明啊，你看这个个人所得税的部分有没有问题啊，我们部分集体聚餐的费用，税务局这次计征了个人所得税。这个问题，上次我们讨论过的，根据现行个人所得税法规定，工资薪金所得，是指个人因任职或者受雇而取得的工资、薪金、奖金、年终加薪、劳动分红、津贴、补贴以及与任职或者受雇有关的其他所得。对于任职受雇单位发给个人的福利，不论是现金还是实物，依法均应缴纳个人所得税。但对于集体享受的、不可分割的、未向个人量化的非现金方式的福利，原则上不征收个人所得税。我们单位聚餐是集体享受的、不可分割的、未向个人量化的非现金方式的福利，因此不应计征个人所得税。"

"安总，是这样的。我们上次还在一起讨论了。"

"小明，作为一名财务人员，心要细，签字要慎重。"

虽然安总没有直接批评我，但我心里不好受啊，没有仔细看核实情况表，还是工作不认真，马虎啊。

安总，我错了，这个毛病下次一定要改。

我心里念道，作为一名财税人员，签字真的要慎重，以后要吸取教训。

"安总，明天我和稽查局的刘主任联系下，提出我们的想法，一定要把这件事办好"。

第二节　我要听证

第二天一早，我径直去了税务局，在路上我就在想，给检查人员提意见，他们会不会不高兴啊？会不会打击报复啊？心里还是有那么一点小担忧。很快就到税务局了，我轻轻敲开了刘主任的门。

"小明，你今天来，有什么事情吗？"

"刘主任，我们公司对集体聚餐的费用被分摊征收个人所得税有不同的看法，这是我们公司的意见，麻烦刘主任您看一下。"

"小明，我先收下，这个问题，需要集体研究，一有消息，稽查局会联系你的。你先回去吧。"

第二天早上，我就接到了稽查局的电话，稽查局的效率还是很高的。

"您是梁小明吧？我是稽查局审理科的任一，你们单位的《税务行政处罚事项告知书》出来了，是我们给您送过去，还是您自取啊？"

"任科长，我到稽查局取吧！"

我挂完电话，一头雾水，怎么又换人了，昨天还是刘主任，今天又换成审理科的任科长，难道刘主任又和我表哥一样，申请回避了？

上网搜索了稽查的相关信息打消了我的疑虑。

税务稽查工作的选案、检查、审理、执行是《税务稽查工作规程》规定的四个重要工作环节，各环节相互监督、相互制约，体现了专业化分工及分权制约的原则，确保了稽查工作的规范有序，是稽查工作必须坚持和发展的方向。当前，基层税务稽查工作按照稽查工作规程，基本实行了在稽查局内设检查、审理、执行、综合等部门，专人负责举报受理、选案，交检查部门实施检查，检查结束后提交审理，做出处理、处罚决定，再进行执行的工作程序，实践证明，此种工作模式在工作中发挥了积极作用。

原来，我的随机抽签是选案环节，刘主任他们负责检查环节，任科长负责审理工作。

下午，我来到了任科长的办公室，拿到了一份《税务行政处罚事项告知书》，告知书大体上分为三大部分，第一部分是违法事实，第二部分是拟处罚的结论，第三部分是救济方式和途径。还有《税务行政处罚事项告知书》送达回证和一份空白的《陈述申辩》文书。

我看了一下违法事实部分，员工聚餐还是被征收个人所得税。我问了任科长现在我对告知书上的部分内容还有异议，下面该怎么办啊？

任科长说："《陈述申辩》文书，就是让你们企业提意见的，要写明对什么事项有意见，并详细写出你们的依据和理由，如果一页纸不够写的，可以附页。你看告知书的最后一段'若拟对你罚款 2 000 元（含 2 000元）以上，拟对你单位罚款 10 000 元（含 10 000 元）以上，你（单位）有要求听证的权利。可自收到本告知书之日起 3 日内向本局书面提出听证申请；逾期不提出，视为放弃听证权利'。你可以提出听证的请求。"

"谢谢任科长，我回去向领导汇报一下。"我说完就走了。

回到单位，我立刻向安总汇报了告知书的事情，因事情重大，安总带着我向李总作进一步汇报。

李总说，有争议的金额不算大，还是不要去听证了，担心公司以后被报复。

安总接着说："我干这行这么多年，没听说有公司敢公开与税务局叫板的，小明，就不要提什么异议了，凭我这么多年的经验，提了也没用。"

"李总，安总，虽然我工作时间不长，但是觉得这次可以试试。"

自从党中央、国务院推行依法治国以来，现在的法制环境较以前有了较大的改观，从我与稽查局的同志接触的情况来看，他们一身正气，说明税务局的同志素质高，不会打击报复，凭着他们真诚地对待纳税人的态度，我提议还是试试。

"小明啊，你可以去尝试一下，但注意措辞，不要搞得税务局太尴尬"。李总一再交代。

"小明,你明天联系我们单位的法律顾问王律师,他对纳税救济很精通,你与他好好沟通一下,后生可畏啊!"安总说完拍拍我肩膀。

第三节 百感交集

今天和法律顾问王律师约好了见面的时间和地点。王律师是京城有名的财税律师,先后通过了注册会计师、注册税务师、法律职业资格考试。

王律师有这么多证书,让我的仰慕之情由然而起。

到了约定的地点,我发现王律师已在等候。

"王律师,具体情况已经在电话里和你沟通过了,我没有经历过听证,听证到底是什么样子的?"我问王律师。

王律师告诉我:"听证是纳税人维护自身权益的一种方式,在《税务行政处罚事项告知书》最后一段会告知当事人有听证或复议的权利。税务机关对公民做出2000元以上(含本数)罚款或者对法人或者其他组织做出1万元以上(含本数)罚款的行政处罚之前,应当向当事人送达《税务行政处罚事项告知书》,告知当事人已经查明的违法事实、证据、行政处罚的法律依据和拟将给予的行政处罚,并告知有要求举行听证的权利。"

"小明,你问的员工聚餐是否要征收个人所得税的问题,这个问题我个人认为应该征收个人所得税。但是,我的专业是法律,对税务程序上比较精通,虽然考取了财务类一些证书,但毕竟没有税收实务经验,这个问题,还需你自己把握。我仅能给你提供参考性意见。依据我代理的

Chapter Seven
第七章
我的稽查历险记

几个个人所得税务案件来说，这几个案件结果都不是很理想。小明，你要做好心理准备啊。"王律师对我说。

"好的，谢谢王律师。"我向王律师拢拳做了一个揖。

李总之前就有交代，这个案件不会请律师跟进，原因有两个，其一，请了律师，怕税务局误会，导致矛盾升级；其二，财税律师费用比较高，为这个案件，请个财税律师也不划算。

我心里也在嘀咕，李总、老安还有王律师都不看好听证，我到底要不要去听证？毕竟王律师是专业人士，他见多识广。

明天就要去听证了，晚上我在床上翻来覆去睡不着。其实，正如李总和老安所说，即使缴纳这笔个人所得税，也没有多少钱。加上王律师也不看好，心里打起了退堂鼓。我想起了"故天将降大任于是人也，必先苦其心志，劳其筋骨，饿其体肤，空乏其身，行拂乱其所为，所以动心忍性，曾益其所不能"。又增强了那么一点信心和勇气。

我睡不着从床上爬起来，打开了台灯。手里拿着处罚事项告知书，脑子里回想着王律师跟我说的话。不对啊，王律师说，应当向当事人送达《税务行政处罚事项告知书》，告知当事人已经查明的违法事实、证据、行政处罚的法律依据和拟将给予的行政处罚，并告知有要求举行听证的权利。我看告知书上列示对我单位给予 50% 处罚，我觉得少了个"拟"字。可能税务机关在写处罚事项告知书时疏忽漏了"拟"这个字，虽然漏了这么一个字，但对这份告知书来说，已经是致命的问题了。与税务机关沟通，凡事都要有依据，我找到了《税务行政处罚听证程序实施办法（试行）》（国税发〔1996〕190 号），进一步证实了我的判断，更加坚定了我去听证的信心。

第二天，我按税局通知的时间来到了税务局办公楼，发现一楼显示屏上滚动着听证的有关信息，欢迎其他人来旁听。再看看自己，孤身一人，难免有点落寞。

有几个穿制服的税务人员走在我前面，只听其中一个女同志说，"听证，折磨死人了，局里前前后后组织了五次集体研讨，每次意见都不统一，昨晚又研讨到 10 点钟，老公出差一周回来，看到我第一句就问，这几天去哪里减肥了，效果这么好啊？"

听到这里我就拐到另一个方向，"偷"听别人讲话不好。也看到了三三两两没穿制服的同志聚在一起议论，哪家企业敢和税务局叫板啊，第一次听说企业敢听证的，胆子这么大。

这不说的就是我吗？真是惭愧，给大家带来这么多麻烦。

我来到了听证的地点，足够坐 100 人的房间，目测八成位置已经有人坐了。只见前排的席位上标着：法规处、税政处、征管处、监察室、热心市民，竟然还有人大代表席，熟悉的《有事报道》栏目组也来了，这次的阵容真的非常强大。

在听证会上我据理力争。当我提出处罚事项告知书最后一部分少个"拟"字的时候，只见坐在前排的领导不约而同地翻着手里的材料。然后就员工聚餐不能划分到个人，不应计征个人所得税阐明自己的观点。最后阶段进行了辩论。

一个半小时的听证会终于结束了，再摸摸自己的衬衫已经全部湿透了。

《有事报道》栏目组来采访我了，我说了自己的心路历程和面临的压力，税务机关对听证的重视和理解并支持纳税人维护自身权益，不断追求规范和精细执法。自始至终税务机关没有给我一点点压力，反倒给我支持，最后我给税务机关一个大大的赞。

没过几天，我接到税务局电话，他们已经采纳了我的意见。

我挂完电话，百感交集……

第八章 Chapter Eight
有了点小名头

第一节 是是非非话借款

自从我参加税务听证后，在当地略有名气，当地税务师事务所、企业举办的个人所得税研讨会，多次邀请我参加。新《个人所得税法》公布后，成为公众关注的热点，当地也举办了多种形式的关于个人所得税的研讨会，股东借款问题屡次在会议上提出。

我结合多年税收实践经验，总结了个人所得税征管中易错的知识，作为学习税法过程中的一份笔记。

《财政部 国家税务总局关于规范个人投资者个人所得税征收管理的通知》（财税〔2003〕158号）规定："**关于个人投资者从其投资的企业（个人独资企业、合伙企业除外）借款长期不还的处理问题。纳税年度内个人投资者从其投资企业（个人独资企业、合伙企业除外）借款，在该纳税年度终了后既不归还，又未用于企业生产经营的，其未归还的借款可视为企业对个人投资者的红利分配，依照'利息、股息、红利所得'项目计征个人所得税。**"

税法文件中对"所得"没有解释，上网搜索该词义为收入或收益。其体现出几个特征，其一，所得是确定金额；其二，所得体现的经济利益为个人拥有，其他单位或个人无权要求返还。股东借款不符合所得特征和界定范围，股东借款看似非所得，却被税法明文规定予以征税处理，需要引起足够重视，可惜的是已经发生了几起企业被征税的案件。

北京金良风空调制冷设备有限公司被责令（京地税一稽罚〔2017〕61号）扣缴个人所得税37 400元、被处罚41 140元。北京智多维网络技术有限责任公司被责令（京地税一稽罚〔2018〕2号）扣缴个人所得税880 000元、处罚880 000元。

易错点一：纳税年度终了后指的是借款满12个月。

个人所得税的纳税年度终了，即当年12月31日为纳税年度终了的截止日。有人对此提出不同看法，认为个人所得税的纳税年度终了为借款满12个月。我参考了《中国税务报》的一篇文章《股东借款"纳税年度终了后"不还，是指12个月后还是借款当年？》，这篇文章中提及，纳税年度内个人投资者从其投资的企业（个人独资企业、合伙企业除外）借款，在该纳税年度终了后既不归还，又未用于企业生产经营的，其未归还的借款可视为企业对个人投资者的红利分配，依照"利息、股息、红利所得"项目计征个人所得税。上述规定中，"该纳税年度"是指"借款时的纳税年度"终了后不归还，不涉及12个月判定事项。这个观点也代表大多数财税人士的观点，也是多数税务机关的执行口径，虽然有不少财税同仁认为应该满12个月。

易错点二：当年有可分配的利润才能视同分红，予以征税处理。

有次在财税微信群里看到有同仁提出，借款当年必须有足够多的可分配利润，才能视同分红处理，如没有足够多可分配利润，视同分红处理违反了《公司法》的规定，即使满足文件这规定的征税条件，也不予征税处理。

第八章
有了点小名头

我认为这种观点是错误的,民商法调整的是商业事务交易主体在商业交易行为中所形成的平等法律关系,税法的调整对象是税收关系。税收关系是相关主体在税收活动中所发生的各种社会关系的总称,税务机关与纳税人之间的权利义务关系是税法调整对象的核心,它具有不对等性,既存在于实体税法中,也存在于程序税法与诉讼税法中。民商法与税法调整的社会关系不同,不可武断地用民商法规定来判定税法的事项。关于税法与其他法律对事实认定冲突如何处理,理应遵循税法规则,下面这个法院判例可引发思考。

前不久,网上公开了一份有关税务人员执法行为的司法判决。这份名为《王某玩忽职守案一审刑事判决书》的资料披露,某市地税局税收管理员王某发现,2009—2010 年,其辖区内有房地产项目开发和销售现象,但没有人就此事项申报缴纳税款。2010 年 5 月,王某经初步调查,向该项目售房合同印章单位——A 公司下达限期改正通知书。A 公司接到通知后辩称:这个项目是自然人李某开发建设的。李某曾与 A 公司协商,以挂靠和事后分红的形式合作销售该项目。但由于李某违约,最终未达成合作。李某后假冒 A 公司的名义,私制 A 公司印章进行房产销售,这是违法行为,与 A 公司无关。此后,王某未再就该项目的应缴税款问题做出其他具体行政行为。

2014 年 9 月,检察院提起公诉,指控王某身为国家机关工作人员,不正确履行职责,玩忽职守,没有对李某的开发项目发出责令限期改正通知书等相关税务文书,没有实施催缴纳税的行为,没有对漏征漏管户进行认真清查和税务登记,更没有将涉税案件移送相关部门处理,致使公共财产、国家和人民利益遭受重大损失。其行为已构成玩忽职守罪,依法应予惩处。王某在法庭上辩称:该项目未办理任何土地、规划和售楼许可等手续,是违章建筑,在尚未查清建设开发者李某与该项目的具体关系时,无法对其按章征税。况且,自己已根据初期调查中发现的情况,及时向售房合同印章单位 A 公司下达了限期改正通知书,并向单位上级做了汇报,应予从轻认定。最终,一审人民法院支持公诉方的意见,判决王某犯玩忽职守罪,免于刑事处罚。

可见即使是违法收入,只要其达到税法规定的征税要件,就应予以征税处理。这一观点也得到了省高院的认可,并出台了相关涉税案件指导意见。

故当年有可分配的利润才能视同分红予以征税处理的观点对与错,结果不言而喻。

易错点三:有关借款征收个人所得税后,股东借款归还后应退还税款。

要提醒河北的同志注意,《河北省地方税务局关于秦皇岛市局个人投资者借款征收个人所得税问题请示的批复》(冀地税函〔2013〕68 号)规定:**个人投资者归还从其投资企业取得的一年以上借款,已经按照"利息、股息、红利"征收的个人所得税,应予以退还或在以后应纳个人所得税中抵扣**。河北纳税人很幸福。

再看一个法院判例。《黄山市博皓投资咨询有限公司诉黄山市地方税务局稽查局税务处理决定二审行政判决书》)〔(2015)黄中法行终字第 00007 号〕,二审法院认为"黄山市地方税务局稽查局依法实施税务稽查,查处税收违法行为,有权对博皓公司涉税事项进行检查处理。黄山市地方税务局稽查局查明博皓公司股东从博皓公司借款超过一个纳税年度,该借款又未用于博皓公司经营,黄山市地方税务局稽查局将博皓公司股东在超过一个纳税年度内未归还的借款视为博皓公司对个人投资者的红利分配,依照《财政部 国家税务总局关于规范个人投资者个人所得税征收管理的通知》第二条规定决定计征个人所得税,该决定符合财政部、国家税务总局关于个人投资者从投资的企业借款长期不还的处理问题的意见。"结论很明确，即使股东后期还款了，同样予以征税处理。

我认为，对股东借款征收个人所得税后，股东借款归还后不应退还税款。

易错点四：家庭成员甲（股东）从一家企业借款，另一个家庭成员乙（非股东）把钱借给企业。只对甲的借款予以征税处理，乙的情形不予考虑。

《财政部 国家税务总局关于企业为个人购买房屋或其他财产征收个人所得税问题的批复》（财税〔2008〕83号）规定：**根据《中华人民共和国个人所得税法》和《财政部 国家税务总局关于规范个人投资者个人所得税征收管理的通知》（财税〔2003〕158号）的有关规定，符合以下情形的房屋或其他财产，不论所有权人是否将财产无偿或有偿交付企业使用，其实质均为企业对个人进行了实物性质的分配，应依法计征个人所得税。**

企业出资购买房屋及其他财产，将所有权登记为投资者个人、投资者家庭成员或企业其他人员的；

企业投资者个人、投资者家庭成员或企业其他人员向企业借款用于购买房屋及其他财产，将所有权登记为投资者、投资者家庭成员或企业其他人员，且借款年度终了后未归还借款的。

可见此文件将股东的家庭成员视为股东。借用此理念，家庭成员甲（股东）从一家企业借款，另一个家庭成员乙（非股东）把钱借给企业，我认为应将甲与乙视为股东整体看待，二者借款金额相抵，相抵后如符合征税条件，则予以征税处理。

《财政部 国家税务总局关于规范个人投资者个人所得税征收管理的

通知》(财税〔2003〕158号)文件规定在实际工作中引发热议,但在文件尚有效的情形下,还是要引起重视,严格执行税法规定,避免带来涉税风险。

现在来分析股东借款的案例。

【案例一】股东A(个人)于2015年2月从甲公司(有限责任公司)借款100万元,2016年12月10日还款,2016年12月31日又从甲公司借款100万元,至今仍未归还。2018年7月2日稽查局对甲公司实施税务检查,该借款应如何征收个人所得税(借款均未用于生产经营)?

关于上述案例如何征税存在两种观点:

第一种观点认为,上述案例股东有两笔借款,第一笔借款虽在2016年12月10日归还了,但在2015年纳税年度终了未归还,应征收个人所得税20万元;第二笔借款,2017年纳税年度终了未归还,同样应予以征收个人所得税20万元,故应征收个人所得税40万元。

第二种观点认为,两个100万元,金额相等应视同为一笔借款,2017年纳税年度终了未归还,应征收个人所得税20万元。

两种观点争论不休,谁也说服不了谁,怎么办呢?

我推着单车下班回家,一边推一边想,能不能有个更好的方案解决这个问题呢?

换个思路考虑,在回答这个问题之前,我把这个案例稍加改编,案情变化如下。

【案例二】股东A(个人)于2015年2月从甲公司(有限责任公司)借款100万元至今仍未归还,2018年7月2日稽查局对甲公司实施税务检查,该借款应如何征收个人所得税(借款未用于生产经营)?

第八章
有了点小名头

《财政部 国家税务总局关于规范个人投资者个人所得税征收管理的通知》（财税〔2003〕158号）规定："二、关于个人投资者从其投资的企业（个人独资企业、合伙企业除外）借款长期不还的处理问题。纳税年度内个人投资者从其投资企业（个人独资企业、合伙企业除外）借款，在该纳税年度终了后既不归还，又未用于企业生产经营的，其未归还的借款可视为企业对个人投资者的红利分配，依照'利息、股息、红利所得'项目计征个人所得税。"**计征个人所得税20万元。**

改编后的案例即案例二征收20万元个人所得税应该没有争议。

在财税〔2003〕158号文件出台前诸多企业股东长期无偿占用企业大量资金，在这样的背景下，财税主管部门出台了该文件，此条款出台的目的在于督促股东尽快还款，其实质是个人所得税的反避税条款。

再回到案例一和案例二中来，股东一直没有归还借款，只征收20万元税款；而股东归还了借款重新又借，却要征收税款共计40万元。是这样的吗？现在将案例一与案例二做个比较，借了归还再借相比借款一直不还而言，更为文件所鼓励（督促股东尽快还款的目的）。现在来看，得出结论更顺理成章！

有时候改变一下思考方式，更容易得出合理的结论。

我认为案例一应征收20万元个人所得税。

下面的案例又该怎么处理呢？

乙公司（有限责任公司）是甲公司（有限责任公司）的股东，A（个人）为乙公司（有限责任公司）股东，A个人于2015年3月从甲公司借款100万元，至今未归还（未用于生产经营），2018年7月3日稽查局对甲公司实施检查，A的借款征收个人所得税吗？

我将自己的上面两份笔记在研讨会上分享，会上有个朋友提出两个实务中的问题，现在通过案例三、案例六将这两个问题展现出来。

【案例三】股东A（个人）于2015年2月2日从甲公司（有限责任公司）借款100万元，2016年12月10日还款，2016年12月20日又从甲公司借款200万元，至今仍未归还。2018年7月2日稽查局对甲公司实施税务检查，该借款应如何征收个人所得税（借款均未用于生产经营）？

在给出结论前，我先将该案例稍加变化为案例四、案例五。

【案例四】股东A（个人）于2015年2月2日从甲公司借款200万元，至今仍未归还。2018年7月2日稽查局对甲公司实施税务检查，该借款如何征收个人所得税（借款均未用于生产经营）？

根据《财政部 国家税务总局关于规范个人投资者个人所得税征收管理的通知》（财税〔2003〕158号）的规定，对股东A借款200万元纳税年度终了未归还，且未用于生产经营，视同'利息、股息、红利所得'项目计征个人所得税40万元，大家没有异议。

【案例五】股东A（个人）于2016年12月20日从甲公司借款200万元，至今仍未归还。2018年7月2日稽查局对甲公司实施税务检查，该借款如何征收个人所得税（借款均未用于生产经营）？

根据《财政部 国家税务总局关于规范个人投资者个人所得税征收管理的通知》（财税〔2003〕158号）的规定，对股东A借款200万元纳税年度终了未归还，且未用于生产经营，视同"利息、股息、红利所得"项目计征个人所得税40万元，大家没有异议。

我将案例三与案例四作了比较，案例三与案例五相比，案例三更为文件所鼓励（避免股东占用公司资金）；而将案例三比案例五在2015年2月2日至2016年12月10日多借用资金100万元，案例五更为文件所鼓励。

对案例三的处理应介于案例四与案例五之间,案例四、案例五均计征个人所得税40万元,我认为案例三应计征个人所得税40万元。

【案例六】 股东A(个人)于2015年2月2日从甲公司(有限责任公司)借款200万元,2016年12月10日还款100万元,剩余100万元至今仍未归还。2018年7月2日稽查局对甲公司实施税务检查,该笔借款应如何征收个人所得税(借款均未用于生产经营)?

同样将该案例稍加改变,请看案例七、案例八。

【案例七】 股东A(个人)于2015年2月2日从甲公司(有限责任公司)借款200万元,2016年12月10日全部归还。2018年7月2日稽查局对甲公司实施税务检查,该笔借款应如何征收个人所得税(借款均未用于生产经营)?

【案例八】 股东A(个人)于2015年2月2日从甲公司(有限责任公司)借款200万元,至今未归还,2018年7月2日稽查局对甲公司实施税务检查,该笔借款应如何征收个人所得税(借款均未用于生产经营)?

借用上述案例三的思维,将案例六与案例七、案例八做个比较,结论会变得更明白,不再赘述。

再看一个案例:

乙公司(有限责任公司)是甲公司(有限责任公司)的股东,A(个人)为乙公司(有限责任公司)股东,A个人于2015年3月从甲公司借款100万元,至今未归还(未用于生产经营),2018年7月3日稽查局对甲公司实施检查,对A的借款征收个人所得税吗?

这个穿透借款，在实务中已经非常普遍，能否按股东借款纳税年度终了不还又未用于生产经营计征个人所得税，引起大家热议。

我认为，这种借款方式不符合财税〔2003〕158号及其他文件规定的征税条件，应不予计征个人所得税。此模式可以进行纳税筹划，但要注意的是，虽不计征个人所得税，但可能涉及增值税等税费，故应整体考虑。

对于财税〔2003〕158号文件各地执行口径不一，在实际工作中遇到此类问题，应以当地执行口径为准。

第二节　兜头的一盆冷水

到集团公司也有三年了，对于税务知识的钻研，让我渐渐在集团内有了小名气，加上在外面指导别人建账做账，我的社会阅历渐渐丰富了起来，不免有些飘飘然起来。但最近发生了一件事，老安对于这件事情的处理方式，给我留下了深刻的印象，让我深刻体会到，自己还有很长的路要走。

事情还要从一周前的一个早上说起。我刚到办公室，集团下属一家子公司的财务经理小张就给我来电话了。

"小明，我这里有一个要解除劳动关系的员工，要一次性支付550 000元，我找不到相关的法律法规，我也是第一次碰到这事，我合并到工薪酬金'综合所得'税目，要交 $550\,000 \times 30\% - 52\,920 = 112\,080$ 元的个人所得税。结果这位员工情绪十分激动，说这是单位赔给我的钱，不可能交这么多个人所得税。现在这边闹得有点大，你看老安现在又在南京处理税务上的事，集团就你精通税务了，你想想有什么办法。"小张一口气说了这么一大段话。看来也是很着急。

"是什么原因，解除劳动关系了？"我问道。

"一次出差途中，出了事故，造成了残疾，属于工伤，现在不能再胜任岗位工作了，双方都坐下来谈好了，一次性给了55万元，总部也都批了，但现在就为扣税的事情闹得情绪很大。"

"那你找了哪些文件啊？"

"国税发〔1999〕178号、国税发〔2000〕77号啊，但我们都不适用，这两个都是适用国有企业的。"小张说道。

我一边问着，一边点开了自己的税收文件夹，这是我近三年来自己所有的学习笔记。

"小张，没事，你搞错了，2018年的时候，国家又出台一个财税〔2018〕164号文件，适用你这个情况的。其中第五条第（一）项规定：

个人与用人单位解除劳动关系取得一次性补偿收入（包括用人单位发放的经济补偿金、生活补助费和其他补助费），在当地上年职工平均工资3倍数额以内的部分，免征个人所得税；超过3倍数额的部分，不并入当年综合所得，单独适用综合所得税率表，计算纳税"。

"这样你拿出纸和笔，我现在就教你如何算个人所得税。"我信心满满地说。

"好。"

"首先，你查一下去年地区员工的平均工资是多少。"

"这个有，是101 599元。我看上面那两个政策的时候问人力资源部要过。"

"好，101 599 × 3 = 304 797（元），550 000 − 304 797 = 245 203（元）。这是第一步。"

"好的，我记下了。"小张说。

"好，下面是计算，245 203 元适用综合所得税率表上 20% 的税率。245 203 × 20% − 16 920 = 32 120.60（元），"这个员工只要交 32 120.60 元。"我重复确认了一下说。

"好的，谢谢，这个应该可以了，才这么点了，从 112 080 元一下子降到了 32 120.60 元，应该可以搞定了。谢谢哈！下次有空过来指导工作，我请你吃饭。"

"又搞定一票。"我有点自鸣得意。一个电话，我就给员工降了 7.9 万余元的税收，而且是税法有明文规定的。现在大专家说不上，小专家那是绰绰有余了，哈哈！我想象着那位员工对我感恩戴德的样子。

后来那个员工在子公司人力资源部和总经理的再三劝说下，终于接受了。

过了六天，去南京出差一个多月处理子公司财税问题的老安终于回来了。我向他汇报工作并重点讲了这笔一次性补偿收入的税务处理，说是汇报，其实也有部分炫耀的意思在里面，老安处理也无非就是这样吧。哈哈！

老安一边听，一边整理着手头资料。

"情况都了解清楚了吧？"老安问道。

"都搞清楚了，一次性补偿收入、解除劳动合同，也是按当地上年的职工平均工资来算的，都符合文件要求，我认为没有任何问题。"我也将计算过程顺便描述了一遍。

"你刚才说对方是工伤？"老安问道。

"是啊，算工伤，现在不合适在岗位工作了，因此解除合同了。"

"那应该有工伤赔偿金啊，工伤赔偿金是多少？"

"啊……"

第八章
有了点小名头

"确认是在用工合同期内,解除合同的吗?"

"啊……这个肯定……应该是吧?"我被问得有点语无伦次了。

"走!我们现在就去那家子公司看下,计算有问题。"老安突然起身。

"安总,那家子公司离我们这里有70多公里呢。"我有点心乱了说道。

"就是170公里,现在也要走,税收无小事,何况,对方是个无助的工伤员工。"

我一路小跑,跟着老安坐上了去子公司的车。

一路上,老安没说多少话,好像在担心什么。

结果一到子公司,老安问的那几个问题确实存在。

翻开原始调解协议,里面清清楚楚地写着:支付工伤赔偿金20万元,另支付一次性补偿费用35万元。

"确定是在合同期内解除合同的吗?合同期内解除合同,和合同到期完全是两个算法。"

"确认。"人力资源部的刘经理也过来了。"这位员工签的合同是到今年7月到期的,因此还在合同期内。"

"好,这就好。"老安好像松了一口气。

"现在一切都清楚了,工伤赔偿金是免税的,小明适用的政策没有错,但他将工伤赔偿合计算在一起了,这是不对的。"

老安的计算如下:

$(550\,000 - 200\,000 - 304\,797) = 45\,203$(元)

$45\,203 \times 10\% - 2\,520 = 2\,000.30$(元)

"对,就是这个数。"老安确认道。

我顿时脸涨得通红,虽然脑中还有一点小问题,但也没有脸再问了。

"将多扣的税,退回给那位受了工伤的员工吧,还好没有申报。"老安对财务经理说道。

回来的路上,我像只斗败了的公鸡,一直低着头,反倒是老安轻松了许多。

"知道合同期内为什么这么重要吗?"老安问道,"是因为在 2018 年的时候北京曾经出现过这样一例法院判例。"

"胡实与卓望信息技术(北京)有限公司(以下简称卓望公司)签订固定期限劳动合同,合同期限自 2012 年 2 月 29 日起至 2017 年 2 月 28 日止。2017 年 1 月 25 日,胡实与卓望公司签订《终止劳动合同协议书》,

第八章
有了点小名头

约定双方于 2017 年 2 月 28 日合同期限届满，不再续订新的劳动合同；卓望公司一次性给予胡实包括且不限于经济补偿金及其他补偿金，共计人民币 88 780.64 元。结果，这笔收入直接以'工资薪金'所得合并计算到工资里去了，计算了个人所得税。胡实向丰台地税局提出行政复议申请，丰台地税局于 2017 年 11 月 27 日做出被诉复议决定书，维持了被诉征税行为。胡实不服，提请一审、二审诉讼。2018 年 5 月 31 日，北京市第二中级人民法院（2018）京 02 行终 770 号判决书做出终审判决：丰台地税局的征管行为、行政复议程序及行政复议决定书、一审判决无不当之处，维持原判。"

"知道什么意思了吗，解除劳动合关系与终止劳动合同关系，完全是两码事，只有在解除劳动关系的前提下，才能适用这个财税〔2018〕164 号文件。这也是我在去的路上有点担心的事。"

我又若有所思地点点头。

"还有那个工伤赔偿金，"老安继续说道，"你肯定知道这个政策没有问题，但你可能想当然地按税法政策来分析，现实当中，工伤赔偿金与一次性补偿金一起发放是常见的事，因此在计算的时候，一定要分清楚。一个免税，一个适用政策。合在一起会出现错误，造成员工情绪很大的情况也时有发生。"

"税收无小事啊，"老安语重心长地对我说道，"这几年，我是看着你成长起来的，你的进步很快，我也对你寄予厚望，赵总对你也很满意，但要深入实际，不要想当然，要吃透文件，文件的每一个字都有来历，要看到每一个文件后面的事，二层三层穿透了看。"

我陷入了深深的思索。这不只是一堂税收的课，更是一堂人生的课。兜头的一盆冷水，来得正是时候。

第三节　表弟找我了

小刚是我的表弟，儿时最铁的玩伴，高中一毕业他就下海经商去了，据说是一直很忙，我们除了过年过节微信问候一下，平时也很少交流，只听亲戚们说在外面生意做得很大。

一早上班，我就接到了他的电话。

"哥啊，听表姐夫他们说，你现在在北京一个大集团里工作，还是个人所得税税收专家了。"

"哪里啊，我只是多学了点而已，表姐夫那件事只是运气好，正好有税收优惠政策，我和他们公司的财务经理王超一起讨论解决的，要是没政策，啥也白搭。"我嘴上这么说着，心里还是有几分得意，哈哈！

"刚总，你不会一早就打电话就是来恭维我的吧？"我半调侃地说道。

"哎呀，哥啊你又说笑了，我啥时姓刚了，干我们这行，都是表面光鲜，内心憋屈的主儿。"

"我高中毕业就跟别人跑销售去了，三年换了五份工作，五年前进了一家大销售公司，才算稳定下来。"

"五年前这家公司处于初创期，老板为了留住我，给了我5%的股权，现在我有个打算，准备把股权给转让了，给孩子买个学区房，以后上学也方便。"

这让我很汗颜，表弟年龄比小，结婚比我早；工作时间比我长，赚得比我多，都准备在苏州买房了。

"股权我已经找到买家了，等转让成功了，欢迎你到苏州来找我玩，吃住我全包。"

第八章
有了点小名头

过了半个月，还没有小刚的消息，不知道股权有没有转让。

说曹操曹操到，我的电话铃响了。

"哥啊，到市场监督管理局办理股权变更，还要完税证明，这是个啥玩意啊？白白排了一个上午的队，整整三个小时，不到一分钟就把我打发走了，说我材料不齐，缺个什么税务完税凭证。"

"他们这么做是有道理的。《国家税务总局关于加强股权转让所得征收个人所得税管理的通知》（国税函〔2009〕285号）第一条规定：**股权交易各方在签订股权转让协议并完成股权转让交易以后至企业变更股权登记之前，负有纳税义务或代扣代缴义务的转让方或受让方，应到主管税务机关办理纳税（扣缴）申报，并持税务机关开具的股权转让所得缴纳个人所得税完税凭证或免税、不征税证明，到工商行政管理部门办理股权变更登记手续**。虽然国税函〔2009〕285号文件目前已经作废，后续的文件《国家税务总局关于发布＜股权转让所得个人所得税管理办法（试行）＞的公告》（国家税务总局公告2014年第67号）第二十四条规定：**税务机关应加强与工商部门合作，落实和完善股权信息交换制度，积极开展股权转让信息共享工作**。该条款虽然没有规定持个人所得税完税凭证或免税、不征税证明，到工商行政管理部门办理股权变更登记手续，但各地还是延续了国税函〔2009〕285号第一条的规定，在股权变更前到税务机关办理完税手续。"

"新《个人所得税法》第十五条也明确规定：**个人转让股权办理变更登记的，市场主体登记机关应当查验与该股权交易相关的个人所得税的完税凭证**。"

"哥，缴税我倒不担心。"

我就纳闷了，按转让收入减去购入成本的差额征收20%的个人所得税，这个个人所得税额也不小啊。这小子不在乎？

"小刚，你不担心，有何妙招？"

"哥，是这样的，我从工商局办事大厅出来，有个男的自称是中介，有专业人士专门为他们进行税收筹划。说有少缴税的办法，甚至可以不用缴税，但要收1万元的费用，而且在工商登记手续办完后才付钱，安全可靠，到时我就联系他，呵呵，能省不少税呢！"

"就你聪明啊，不要被黑中介忽悠了，其实黑中介就是让买卖双方签订阴阳合同，用股权转让的假合同到税务局办理缴税，也就是用做假来达到少缴税的目的。合同不能随便签，现实中因合同问题打官司的太多了，到时后悔都来不及，而且这种就是偷税行为，被税务局发现不但要补税，而且要罚款，建议你老老实实去缴税。"

"啊，还有这回事，我哪里懂这门道。"

"我当时买股权花了10万元，现在按行情转让价200万元，哥，我要不要缴个人所得税啊？"

"缴啊，按财产转让所得缴，你获得收益190万元，要缴38万元。"

"好的，我下周二去税局办理缴税事宜。"

星期二，我正在和老安侃大山，突然电话铃响了。

"哥，你上次帮我算的个人所得税不对啊。"

"咋就不对了呢，你把股权转让协议拍个照片通过微信发我。"

"小刚，协议上约定了转让价格200万元，同时还约定了购买方如未按期付钱支付违约金5万元，对方有没有按期付款啊？"

"对方确实未按期付款，另支付给我5万元违约金。"

"问题就出在这，你收取的违约金也是你的收入，《国家税务总局关于个人股权转让过程中取得违约金收入征收个人所得税问题的批复》（国税函〔2006〕866号）规定：**根据《中华人民共和国个人所得税法》的有关规定，股权成功转让后，转让方个人因受让方个人未按规定期限支付价款而取得的违约金收入，属于因财产转让而产生的收入。转让方个**

第八章
有了点小名头

人取得的该违约金应并入财产转让收入，按照'财产转让所得'项目计算缴纳个人所得税，税款由取得所得的转让方个人向主管税务机关自行申报缴纳。同样在《股权转让所得个人所得税管理办法（试行）》（国家税务总局公告2014年第67号）第八条也规定了转让方取得与股权转让相关的各种款项，包括违约金、补偿金以及其他名目的款项、资产、权益等，均应并入股权转让收入。所以啊，你的收入是205万元，成本是10万元，应当缴纳个人所得税（205 – 10）×20% = 39（万元）。"

"我看了下完税凭证，确实是39万元，你太厉害了，下午我就去工商局办理手续。"

"毕竟我是专业做这个的嘛。"我心里暗想着，有点飘飘然。

第二天下午就接到了小刚的电话。

"哥，我的股权手续办好了，在我们同事面前狠狠地把你吹捧了一番，说你是《个人所得税法》专家，上午牛吹出去了，下午问题就来了，一个同事让我咨询你个问题，他和我一起进公司的，老板也给了他5%的股权，他也花了10万元，现在他想把这个股权转给他儿子，有没有什么办法不用缴个人所得税啊？"

"以后牛要少吹，这个股权市场价格为200万元，但他可以平价转让给他儿子，虽然价格远低于市场价格，但有正当理由。《股权转让所得个人所得税管理办法（试行）》（国家税务总局公告2014年第67号）第十三条第二款规定：**继承或将股权转让给其能提供具有法律效力身份关系证明的配偶、父母、子女、祖父母、外祖父母、孙子女、外孙子女、兄弟姐妹以及对转让人承担直接抚养或者赡养义务的抚养人或者赡养人。**因此你同事这种情况不用缴纳个人所得税。"

"哥，太棒了，这就转告我同事，我和他打赌了，只要能比我缴的税少，晚上他请客。"

第九章　Chapter Nine
人生的选择

第一节　难忘的一天

时间过得真快,来友好集团也快四年了,业务上我从一个将居民理解成居委会民众的税收"小白",成长为一个具备一定实力的税收小专家,也在国内知名的《中国税务》杂志等上发表过四篇专业文章。虽然和老安还差得远,但在集团里除了老安,也可以说是名震一方了。而老安也往往会在关键的时刻点拨我,让我能戒骄戒躁踏实成长。

真的,一个人的一生有时缺的不是能力,而是机会。而有人愿意带你走向更大的舞台,就是你的贵人,而老安就是那样的贵人。

一边想着,一边来上班。

老安居然没来,不应该啊,不出差的话,他应该是全财务部最早来上班的,肯定是在赵总的办公室。我又斜看了一眼对面赵总的独立办公室,赵总也不在啊。奇怪,这两位老总可都是典型的工作狂人、早到标兵啊,今天是怎么了,一个都没有出现。

上班也快半小时了,老安还是没来,我也没放在心上,径直处理自己的事情去了。

突然,我的电话响了,居然是赵总的电话,他一般不直接联系我,

Chapter Nine
第九章
人生的选择

都是通过老安的。

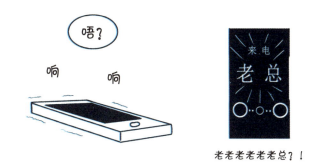

老老老老老老总？！

"小明，你来五楼的总裁办公室一下。"

"总裁办公室？"

我像被电了一下。平时很少和总裁有联系啊，在电梯碰到倒是经常的事，我也是很有礼貌地问声好。

不会是我犯什么错了吧？上次工伤赔偿的那个乌龙已经过去一年多了。而且我从那以后就更加踏实了，表现那是没的说。

带着一串的疑问，我来到了总裁办公室。一进门才发现老安和赵总都在。

我心里又是一阵紧张,今天这是什么阵仗,我还是头一回碰到。

"小梁,来,坐坐。"孙总裁温和地对我说道。

一听这语气,今天应该挂不了,心就放下了一半。

"小梁,我听赵总说你来公司有四年了吧。"

"对,到今年的 9 月 20 号,就是四周年了。"

"嗯,关于你的表现,我刚才也听了安总的汇报,总体我们也很满意,安总也是力荐你。"

"这样,我们协商了一下,想将你调到南京,担任南京那家公司的财务总监,想听一下你的意见。"

"年薪 35 万元,你的限制性股权激励都不受影响,并配一个得力助手跟你一起到那里工作。"

"你考虑一下。"

我的脑子"嗡"的一声,说不出是什么感觉,要当总监的兴奋、对安总的感激与不舍、对未来不确定性的担心,交织在一起,翻腾着,难以言表。要知道,在这个等级森严的上市公司,没有过硬的业绩,是很难被提拔的。

转头看了一下安总和赵总,他们都微笑着看我,投来了信任的眼光。

"我……我先回家商量一下吧,孙总裁。"唉,我今天算是有点结巴了。

"好,没有问题。"

那一天,现在想来也是久久难忘。这和当年被提拔成安总的助理完全是不一样的感觉。

自己现在要面对的是一家有十亿元以上的总资产,销售额超过八亿元的公司,销售和资产都占集团的 1/10 还略强,我要一个人面对财务、税务、银行、内控、成本管理等一系列的问题。

家人虽有不舍,但也支持我的决定,毕竟我用四年时间,走到了很多人八年十年也没有走到的位置。

接下来很快,和老安告别,和同事们告别。

第二节 买了卖,我成了"炒房团"的一员

南京是铁定要去了,接下来有一个很现实的问题,我用卖旧房再加上家里六个钱包以及自己的积蓄买的房子,怎么办?

我一个月要还 5 000 元的房贷啊,父母都退休了,根本无力承担我的月供,再说也没有必要供,于是决定了,卖房。为了工作需要,我也要当一回"炒房客"了。

从当时为了买房而卖房,现在为了工作又要卖房,人生就是这样的有趣。但为了自己的职业发展,我别无选择。

第十章 Chapter Ten
我在南京的岁月

我一到南京，就全身心地投入到新的工作中。公司给我配的助手真是不错，能分担很多琐事，让我能集中精力做财务决策管理上的事，当然我的强项还有税收业务的处理。我基本成了别人的税收顾问了。这不，在南京我又碰上了几件和税有关的事。其中的两件跟我的同学和朋友有关。

第一节　律所的个人所得税收入需分清

邹峰是我高中的校友，比我高两届，因为我们原来住一个院子，彼此都很熟悉，高考他考上了华东政法大学，现在在南京和别人合伙开律师事务所，也是人生得意。听说我来南京工作了，就以朋友兼校友的身份来看我，顺便还带来了一些业务。

茶水备上后，就准备开聊了。

"梁小明同学，现在混得可以啊，都成总监了。"

"哈哈，你不也成了律所合伙人了吗？是不是现在挣钱挣得手软了？"

第十章
我在南京的岁月

"哪里啊，我是名头好听，现在律所竞争很激烈，收入两极分化，案源多的，接单接到手软；案源少的，日子过得很紧巴。我们所就是这样，现在所里有兼职律师，拿提成，一个分成比例谈不拢就转所的也有。我都想向细分市场那块转化，将来做税务法律这块，苦于没有税务方面的专家。这不过来看看你老兄嘛！"

"对了，我还有个问题，我们律所的个人所得税应该如何算，我是一头雾水。生意不好，我们没请专门的会计做账。你给我点拨一下。"

"哈哈，邹峰同学，你是来谈合作的吧，又咨询税收问题，你找到我是赚大发了。"

"我粗略地算了一下，我们所里有收入的分为五种类型。"邹峰接着说。

"第一种，合伙人，就是我和我的合伙人，正常在律所上班。是不是也像企业的员工那样按'工资、薪金'所得计算啊？"

"不是的，你们律所属于合伙制性质，合伙人的收入按照《国家税务总局关于律师事务所从业人员取得收入征收个人所得税有关业务问题的通知》（国税发〔2000〕149号）的规定：**律师个人出资兴办的独资和合伙性质的律师事务所的年度经营所得，从2000年1月1日起，停止征收企业所得税，作为出资律师的个人经营所得，按照有关规定，比照'个体工商户的生产、经营所得'应税项目征收个人所得税。在计算其经营所得时，出资律师本人的工资、薪金不得扣除。**"

"当然了，这个是老文件的规定了，现在没有'个体工商户的生产、经营所得'这个个人所得税税目了，都属于'经营所得'税目，不过计算方法还是没有变动。适用5%~35%的五级超额累进税率征收个人所得税。在计算全年经营所得的时候，以律所每一纳税年度的收入总额减除成本、费用以及损失后的余额（包括分配给出资律师的所得和律所当年留存的所得）为应纳税所得额。

合伙律所以年度经营所得全额作为基数，按出资比例或者事先约定的比例计算各出资律师应分配的应纳税所得额；个人律所则以年度全部经营所得为该出资律师的应纳税所得额。以后你需要我再和你细讲。"

哈哈，我卖了个关子。

"经营所得计算，我是不是可以筹划一下，按核定税率去征收能省一点税。"

"哈哈，就你聪明，这个文件早有规定了。因为律师这个行业是高收入群体。《国家税务总局关于进一步加强高收入者个人所得税征收管理的通知》（国税发〔2010〕54号）第二条第三款就明确规定了：**加强规模较大的个人独资企业、合伙企业和个体工商户的生产、经营所得征收管理。**

1. 加强建账管理。主管税务机关应督促纳税人依照法律、行政法规的规定设置账簿。对不能设置账簿的，应按照税收征管法及其实施细则和《财政部 国家税务总局关于印发〈关于个人独资企业和合伙企业投资者征收个人所得税的规定〉的通知》（财税〔2000〕91号）等有关规定，核定其应税所得率。税务师、会计师、律师、资产评估和房地产估价等鉴证类中介机构不得实行核定征收个人所得税。"

"明确提出的税务师、会计师、律师、资产评估和房地产估价等鉴证类中介机构，不得实行核定征收。"

"想想《中华人民共和国税收征收管理法》的第三十五条，**纳税人有下列情形之一的，税务机关有权核定其应纳税额：**

（一）依照法律、行政法规的规定可以不设置账簿的；

（二）依照法律、行政法规的规定应当设置但未设置账簿的；

（三）擅自销毁账簿或者拒不提供纳税资料的；

（四）虽设置账簿，但账目混乱或者成本资料、收入凭证、费用凭证残缺不全，难以查账的；

（五）发生纳税义务，未按照规定的期限办理纳税申报，经税务机关责令限期申报，逾期仍不申报的；

（六）纳税人申报的计税依据明显偏低，又无正当理由的。"

"你们应该都不符合吧。"

"《江苏省地方税务局转发＜国家税务总局关于切实加强高收入者个人所得税征管的通知＞的通知》（苏地税发〔2011〕41号）第五条还特别指出：加强对规模较大的个人独资、合伙企业和个体工商户的生产经营所得的征收管理。对律师事务所、会计师事务所、税务师事务所、资产评估和房地产估价等鉴证类中介机构，不得实行核定征收个人所得税。因此你就不要打这个主意了。"

"这倒也是。"

"哈哈，我也扯远了。第二种是什么类型？"

"是拿提成的律师，也在单位坐班，就是固定工资是3 000元再加上案子收入的提成。"

"这个计算也容易。"

"先计算他的提成收入再乘以办理案件支出费用的扣除标准。"

"《国家税务总局关于律师事务所从业人员有关个人所得税问题的公告》（国家税务总局公告2012年第53号）规定：

一、《国家税务总局关于律师事务所从业人员取得收入征收个人所得税有关业务问题的通知》（国税发〔2000〕149号）第五条第二款规定的作为律师事务所雇员的律师从其分成收入中扣除办理案件支出费用的标准,由现行在律师当月分成收入的 30% 比例内确定,调整为 35% 比例内确定。

实行上述收入分成办法的律师办案费用不得在律师事务所重复列支。前款规定自 2013 年 1 月 1 日至 2015 年 12 月 31 日执行。

这个文件只执行到 2015 年 12 月 31 日,具体的我们可以参照当地文件

宁地税发〔2001〕235 号的有关规定,乘以 30% 作为办理案件支出费用的扣除标准。如雇员律师李某当月取得分成收入 30 000 元,还取得工资收入 3 000 元。那他的个人所得税就是 [30 000×(1−30%)+3 000−5 000]×20%−1 410=2 390(元)。"

"还有第三种是工薪律师,他们没有固定的案源,是跟着主任律师,每月只拿 3 000 元的工资,再加上案源收入的 5%。我的一个刚考取律师资格的表妹就属于这类。"

"这个简单,你按照'工资、薪金'所得税税目,去核算就可以了。计算时将 3 000 元的底薪和 5% 的收入合在一起就可以了。"

"第四种,是实习律师,每个月只发固定生活费用的。"

"这个也是按'工资、薪金'税目去核算。比较简单。"

"最后一种,属于律所的辅助人员,这个按照'工资、薪金'所得核算,应该没错了吧。"

"对了,就是这样的。"

"好的,谢谢梁小明同学了,以后我们有的是机会合作。

来来来,今晚我请客,算是我尽地主之谊,你这个个人所得税税收大专家要赏光啊。"

"嗯,看来,这个邹同学不只是来咨询税收问题,还是来挖友好集团墙脚的。哈哈!"

第二节　老朋友来了

小东、翔子是我的大学同学，我们当年还住一个宿舍，当年号称上"财铁三角"，虽然毕业五年多了，但感情一点没有淡化，我们还特地建了个微信群，平时聊聊天，谈谈生活，畅想未来，思考人生。今天小东突然在群里说终于拿到房了，然后配了一张照片，真是让人羡慕。为啥羡慕呢？容我慢慢地说。

小东家境不太好，但一直没有放弃对理想的追求。在上大学期间，他勤工俭学，为父母减轻负担，暑假不回家，利用假期时间兼职，赚下个学期的学费。虽然很辛苦，但是咬牙坚持了四年，毕业直接去了一家汽车制造公司，做财务工作。一直在这家公司工作了五年，最近公司出来一个政策，公司购买了100套房子，工作满四年的员工可以以10 000元每平方米的价格购买。而房子的市价是35 000元每平方米。

这个消息够劲爆，国家为防止房价暴涨，出台了相关的限购政策，现在市场上一手房价格低于二手房价格，房子立马成了香饽饽，买到即为赚到。

小东买了套120平方米的房子，每平方米比市场价格便宜了25 000元，总价省了300万元。我对照自己的工资，一个月2万元，够我工作150个月，折合12年。

然后我的税法的瘾又上来了。

"小东啊，我看了一个财税文件，你低价购房是不是涉及个人所得税啊？"

财政部 国家税务总局关于单位低价向职工售房有关个人所得税问题的通知（财税〔2007〕13号）原文摘录如下：

各省、自治区、直辖市、计划单列市财政厅（局）、地方税务局：

近日部分地区来文反映，一些企事业单位将自建住房以低于购置或建造成本价格销售给职工，对此是否征收个人所得税希望予以明确。经研究，现对有关政策问题的处理明确如下：

一、根据住房制度改革政策的有关规定，国家机关、企事业单位及其他组织（以下简称单位）在住房制度改革期间，按照所在地县级以上人民政府规定的房改成本价格向职工出售公有住房，职工因支付的房改成本价格低于房屋建造成本价格或市场价格而取得的差价收益，免征个人所得税。

二、除本通知第一条规定情形外，根据《中华人民共和国个人所得税法》及其实施条例的有关规定，单位按低于购置或建造成本价格出售住房给职工，职工因此而少支出的差价部分，属于个人所得税应税所得，应按照"工资、薪金所得"项目缴纳个人所得税。

前款所称差价部分，是指职工实际支付的购房价款低于该房屋的购置或建造成本价格的差额。

"小东，你再来看，《财政部 税务总局关于个人所得税法修改后有关优惠政策衔接问题的通知》财税（〔2018〕164号）第六条的有关规定：

六、关于单位低价向职工售房的政策

单位按低于购置或建造成本价格出售住房给职工，职工因此而少支出的差价部分，符合《财政部国家税务总局关于单位低价向职工售房有关个人所得税问题的通知》（财税〔经2007〕13号）第二条规定的，不并入当年综合所得，以差价收入除以12个月得到"的数额，按照月度税率表确定适用税率和速算扣除数，单独计算纳税。计算公式为：

应纳税额 = 职工实际支付的购房价款低于该房屋的购置或建造成本价格的差额 × 适用税率 − 速算扣除数。"

小东听了我的话差点晕了，节省下来的钱接近一半要缴纳个人所得税。

翔子接着说，他的父母在东北国企工作，住房制度改革期间得了一套房，所在地县级以上人民政府出台文件规定，单位以比较低的房改成本价格出售公有住房，按文件规定应该免征个人所得税。

"翔子，你说得对，你父母这种情况应按免征个人所得税处理。"我回答道。

第三节 筑巢引凤，个人所得税怎么缴？

今天是周末，我和邹大律师在茶座里侃大山，有一位不认识的人来找我，他说他也是慕名而来的，他听朋友说在南京如果个人所得税方面找我都没有办法解决，那基本没人有办法了。哈哈，有点抬举了。我这个财务总监这是要抢南京税务师事务所的饭碗了。他带来的问题也有点特别，他是南京一家高校的财务负责人，和我同姓，五百年前是一家。

最近税务稽查，要求其补缴个人所得税近100万元。

个人所得税补100万元，涉税金额有点大了，我认真听他对事情的描述。

原来他们学校为了吸引人才，招聘教师的最低学历要求是博士研究生，同时列明引进教授，给予一次性支付安家费50万元，引进副教授一次性支付安家费30万元，但前提是教授和副教授都需要为学校服务满五年。服务期内，如跳槽到其他单位，学校无条件收回安家费用，服务期满，则安家费全部归其所有，就这样，为引进人才他们学校花了近400万元。现在稽查局认为学校没有缴纳个人所得税，让其补缴。

我打开了随身携带的笔记本电脑，专门找了安家费的有关政策。

现有法律规定中对附条件的安家费的个人所得税问题没有明确提及，对安家费征免税问题上少有规定。现行的《中华人民共和国个人所得税法》第四条第七项规定"**按照国家统一规定发给干部、职工的安家费、**

退职费、基本养老金或者退休费、离休费、离休生活补助费"免征个人所得税。

我找了各地的有关规定。例如，广州市地方税务局 2006 年 4 月发布了《广州市地方税务局关于印发＜个人所得税征税业务指引（二）＞的通知》（穗地税发〔2006〕84 号）第六条规定"**我市各级政府部门和企事业单位为引进高层次人才而发放的一次性安家费，在国家税务总局未有明确规定之前，暂参照广州市地方税务局《关于个人所得税若干业务问题的通知》（穗地税发〔2004〕64 号）第八条'关于高等院校发放给高层次人才的安家费征免税'问题'的规定执行，即：个人取得一次性安家费不超过 5 万元的，暂不予征收个人所得税；超过 5 万元的，其超出部分可按签约期限（不满 10 年的按实际年限计算，超过 10 年的按 10 年计算）进行平均分摊计算。上述高层次人才是指具有高级以上专业技术职称或者具备博士研究生以上学位的人才**"，但该文件已于 2010 年 9 月废止。《深圳市地方税务局关于对＜深圳市人民政府关于鼓励出国留学人员来深圳创业的若干规定＞的意见的复函》（深地税函〔2000〕9 号）该文件提出，**留学归国人员所获得的奖金和安家费并不属于免征个人所得税的范围**。

按照我国税法规定，各级地方政府均无权决定个人所得税的免税所得。

综上，现行的个人所得税政策对安家费呈从严把控之势，防止以发放安家费之名，行规避缴纳个人所得税之实。

税法上的文件基本确认了，梁总的问题出在纳税的时点上。我仔细看了他带过来的和教授们签订的协议，我判断是税务局适用法律有误。

"我个人认为，是税务局适用法律法规有误。"我开门见山地说道。

"是吗？"梁总两眼放光，看到了希望。

"对,这个没事,你们可以出面与对方协调。"

我有底气说出这句话,是因为我有扎实的税法功底,也有对税收事实的深刻认识。

引进人才给予安家费如不符合国家统一规定发放安家费的规定,应予以征税处理。但对于附有服务期的安家费的纳税义务时点,税务局在其取得安家费时就征收明显不妥当,有人认为收到安家费时为纳税义务的发生时间。我认为碰到类似的问题要把握以下两点:

一是所得前置条件不可忽视。

服务期的安家费是应税所得吗?在不同的时点看这个问题,将会得到不同的结论。在服务期前或过程中期收到这笔安家费,是个人所得税应税所得吗?《中华人民共和国个人所得税法》第一条规定"**在中国境内有住所,或者无住所而一个纳税年度内在中国境内居住累计满一百八十三天的个人,为居民个人。居民个人从中国境内和境外取得的所得,依照本法规定缴纳个人所得税。在中国境内无住所又不居住,或者无住所而一个纳税年度内在中国境内居住累计不满一百八十三天的个人,为非居民个人。非居民个人从中国境内取得的所得,依照本法规定缴纳个人所得税。**"

"所得"在税法文件中没有解释,搜索知该词义为收入或收益。其体现出几个特征。其一,所得是确定金额;其二,所得体现的经济利益为个人拥有,其他单位或个人无权要求返还。在服务期内的安家费,虽然收到了,但该笔经济利益体现出不确定性,经济利益是否为本人所拥有,由以后的服务情况所决定,如服务期内离开,经济利益就得返还给单位,有点像民法中附期限的合同。故收到安家费时作为个人所得税纳税义务的时点显然不妥。

因此,表面上收到这笔所得,即应缴纳个人所得税,但深究起来,这笔资金归属尚不确定，因此在收到安家费时也就无法确认所得。

二是计算所得的时点为经济利益归属转移时间。

服务期满，这笔安家费才归个人所有，此时才符合《个人所得税法》的征税规定，应以"工资、薪金所得"征收个人所得税。

我将上述观点，细细与梁总进行了沟通交流，让他主动与税务局进行交涉，经再三沟通，对方接受我的建议。问题得到了圆满的解决。

那位梁总也是非常感谢，从那以后和我也成了好朋友。

附 录

附录 A 中华人民共和国个人所得税法

1980年9月10日第五届全国人民代表大会第三次会议通过

根据1993年10月31日第八届全国人民代表大会常务委员会第四次会议《关于修改〈中华人民共和国个人所得税法〉的决定》第一次修正

根据1999年8月30日第九届全国人民代表大会常务委员会第十一次会议《关于修改〈中华人民共和国个人所得税法〉的决定》第二次修正

根据2005年10月27日第十届全国人民代表大会常务委员会第十八次会议《关于修改〈中华人民共和国个人所得税法〉的决定》第三次修正

根据2007年6月29日第十届全国人民代表大会常务委员会第二十八次会议《关于修改〈中华人民共和国个人所得税法〉的决定》第四次修正

根据2007年12月29日第十届全国人民代表大会常务委员会第三十一次会议《关于修改〈中华人民共和国个人所得税法〉的决定》第五次修正

根据2011年6月30日第十一届全国人民代表大会常务委员会第二十一次会议《关于修改〈中华人民共和国个人所得税法〉的决定》第六次修正

根据2018年8月31日第十三届全国人民代表大会常务委员会第五次会议《关于修改〈中华人民共和国个人所得税法〉的决定》第七次修正

第一条　在中国境内有住所，或者无住所而一个纳税年度内在中国境内居住累计满一百八十三天的个人，为居民个人。居民个人从中国境内和境外取得的所得，依照本法规定缴纳个人所得税。

在中国境内无住所又不居住，或者无住所而一个纳税年度内在中国境内居住累计不满一百八十三天的个人，为非居民个人。非居民个人从中国境内取得的所得，依照本法规定缴纳个人所得税。

纳税年度，自公历一月一日起至十二月三十一日止。

第二条　下列各项个人所得，应当缴纳个人所得税：

（一）工资、薪金所得；

（二）劳务报酬所得；

（三）稿酬所得；

（四）特许权使用费所得；

（五）经营所得；

（六）利息、股息、红利所得；

（七）财产租赁所得；

（八）财产转让所得；

（九）偶然所得。

居民个人取得前款第一项至第四项所得（以下称综合所得），按纳税年度合并计算个人所得税；非居民个人取得前款第一项至第四项所得，按月或者按次分项计算个人所得税。纳税人取得前款第五项至第九项所得，依照本法规定分别计算个人所得税。

第三条　个人所得税的税率：

（一）综合所得，适用百分之三至百分之四十五的超额累进税率（税率表附后）；

（二）经营所得，适用百分之五至百分之三十五的超额累进税率（税率表附后）；

（三）利息、股息、红利所得，财产租赁所得，财产转让所得和偶然所得，适用比例税率，税率为百分之二十。

第四条　下列各项个人所得，免征个人所得税：

（一）省级人民政府、国务院部委和中国人民解放军军以上单位，以及外国组织、国际组织颁发的科学、教育、技术、文化、卫生、体育、环境保护等方面的奖金；

（二）国债和国家发行的金融债券利息；

（三）按照国家统一规定发给的补贴、津贴；

（四）福利费、抚恤金、救济金；

（五）保险赔款；

（六）军人的转业费、复员费、退役金；

（七）按照国家统一规定发给干部、职工的安家费、退职费、基本养老金或者退休费、离休费、离休生活补助费；

（八）依照有关法律规定应予免税的各国驻华使馆、领事馆的外交代表、领事官员和其他人员的所得；

（九）中国政府参加的国际公约、签订的协议中规定免税的所得；

（十）国务院规定的其他免税所得。

前款第十项免税规定，由国务院报全国人民代表大会常务委员会备案。

第五条　有下列情形之一的，可以减征个人所得税，具体幅度和期限，由省、自治区、直辖市人民政府规定，并报同级人民代表大会常务委员会备案：

（一）残疾、孤老人员和烈属的所得；

（二）因自然灾害遭受重大损失的。

国务院可以规定其他减税情形，报全国人民代表大会常务委员会备案。

第六条 应纳税所得额的计算：

（一）居民个人的综合所得，以每一纳税年度的收入额减除费用六万元以及专项扣除、专项附加扣除和依法确定的其他扣除后的余额，为应纳税所得额。

（二）非居民个人的工资、薪金所得，以每月收入额减除费用五千元后的余额为应纳税所得额；劳务报酬所得、稿酬所得、特许权使用费所得，以每次收入额为应纳税所得额。

（三）经营所得，以每一纳税年度的收入总额减除成本、费用以及损失后的余额，为应纳税所得额。

（四）财产租赁所得，每次收入不超过四千元的，减除费用八百元；四千元以上的，减除百分之二十的费用，其余额为应纳税所得额。

（五）财产转让所得，以转让财产的收入额减除财产原值和合理费用后的余额，为应纳税所得额。

（六）利息、股息、红利所得和偶然所得，以每次收入额为应纳税所得额。

劳务报酬所得、稿酬所得、特许权使用费所得以收入减除百分之二十的费用后的余额为收入额。稿酬所得的收入额减按百分之七十计算。

个人将其所得对教育、扶贫、济困等公益慈善事业进行捐赠，捐赠额未超过纳税人申报的应纳税所得额百分之三十的部分，可以从其应纳税所得额中扣除；国务院规定对公益慈善事业捐赠实行全额税前扣除的，从其规定。

本条第一款第一项规定的专项扣除,包括居民个人按照国家规定的范围和标准缴纳的基本养老保险、基本医疗保险、失业保险等社会保险费和住房公积金等;专项附加扣除,包括子女教育、继续教育、大病医疗、住房贷款利息或者住房租金、赡养老人等支出,具体范围、标准和实施步骤由国务院确定,并报全国人民代表大会常务委员会备案。

第七条 居民个人从中国境外取得的所得,可以从其应纳税额中抵免已在境外缴纳的个人所得税税额,但抵免额不得超过该纳税人境外所得依照本法规定计算的应纳税额。

第八条 有下列情形之一的,税务机关有权按照合理方法进行纳税调整:

(一)个人与其关联方之间的业务往来不符合独立交易原则而减少本人或者其关联方应纳税额,且无正当理由;

(二)居民个人控制的,或者居民个人和居民企业共同控制的设立在实际税负明显偏低的国家(地区)的企业,无合理经营需要,对应当归属于居民个人的利润不作分配或者减少分配;

(三)个人实施其他不具有合理商业目的的安排而获取不当税收利益。

税务机关依照前款规定作出纳税调整,需要补征税款的,应当补征税款,并依法加收利息。

第九条 个人所得税以所得人为纳税人,以支付所得的单位或者个人为扣缴义务人。

纳税人有中国公民身份号码的,以中国公民身份号码为纳税人识别号;纳税人没有中国公民身份号码的,由税务机关赋予其纳税人识别号。扣缴义务人扣缴税款时,纳税人应当向扣缴义务人提供纳税人识别号。

第十条　有下列情形之一的，纳税人应当依法办理纳税申报：

（一）取得综合所得需要办理汇算清缴；

（二）取得应税所得没有扣缴义务人；

（三）取得应税所得，扣缴义务人未扣缴税款；

（四）取得境外所得；

（五）因移居境外注销中国户籍；

（六）非居民个人在中国境内从两处以上取得工资、薪金所得；

（七）国务院规定的其他情形。

扣缴义务人应当按照国家规定办理全员全额扣缴申报，并向纳税人提供其个人所得和已扣缴税款等信息。

第十一条　居民个人取得综合所得，按年计算个人所得税；有扣缴义务人的，由扣缴义务人按月或者按次预扣预缴税款；需要办理汇算清缴的，应当在取得所得的次年三月一日至六月三十日内办理汇算清缴。预扣预缴办法由国务院税务主管部门制定。

居民个人向扣缴义务人提供专项附加扣除信息的，扣缴义务人按月预扣预缴税款时应当按照规定予以扣除，不得拒绝。

非居民个人取得工资、薪金所得，劳务报酬所得，稿酬所得和特许权使用费所得，有扣缴义务人的，由扣缴义务人按月或者按次代扣代缴税款，不办理汇算清缴。

第十二条　纳税人取得经营所得，按年计算个人所得税，由纳税人在月度或者季度终了后十五日内向税务机关报送纳税申报表，并预缴税款；在取得所得的次年三月三十一日前办理汇算清缴。

纳税人取得利息、股息、红利所得，财产租赁所得，财产转让所得和偶然所得，按月或者按次计算个人所得税，有扣缴义务人的，由扣缴义务人按月或者按次代扣代缴税款。

第十三条　纳税人取得应税所得没有扣缴义务人的，应当在取得所得的次月十五日内向税务机关报送纳税申报表，并缴纳税款。

纳税人取得应税所得，扣缴义务人未扣缴税款的，纳税人应当在取得所得的次年六月三十日前，缴纳税款；税务机关通知限期缴纳的，纳税人应当按照期限缴纳税款。

居民个人从中国境外取得所得的，应当在取得所得的次年三月一日至六月三十日内申报纳税。

非居民个人在中国境内从两处以上取得工资、薪金所得的，应当在取得所得的次月十五日内申报纳税。

纳税人因移居境外注销中国户籍的，应当在注销中国户籍前办理税款清算。

第十四条　扣缴义务人每月或者每次预扣、代扣的税款，应当在次月十五日内缴入国库，并向税务机关报送扣缴个人所得税申报表。

纳税人办理汇算清缴退税或者扣缴义务人为纳税人办理汇算清缴退税的，税务机关审核后，按照国库管理的有关规定办理退税。

第十五条　公安、人民银行、金融监督管理等相关部门应当协助税务机关确认纳税人的身份、金融账户信息。教育、卫生、医疗保障、民政、人力资源社会保障、住房城乡建设、公安、人民银行、金融监督管理等相关部门应当向税务机关提供纳税人子女教育、继续教育、大病医疗、住房贷款利息、住房租金、赡养老人等专项附加扣除信息。

个人转让不动产的，税务机关应当根据不动产登记等相关信息核验应缴的个人所得税，登记机构办理转移登记时，应当查验与该不动产转让相关的个人所得税的完税凭证。个人转让股权办理变更登记的，市场主体登记机关应当查验与该股权交易相关的个人所得税的完税凭证。

有关部门依法将纳税人、扣缴义务人遵守本法的情况纳入信用信息系统，并实施联合激励或者惩戒。

第十六条　各项所得的计算，以人民币为单位。所得为人民币以外的货币的，按照人民币汇率中间价折合成人民币缴纳税款。

第十七条　对扣缴义务人按照所扣缴的税款，付给百分之二的手续费。

第十八条　对储蓄存款利息所得开征、减征、停征个人所得税及其具体办法，由国务院规定，并报全国人民代表大会常务委员会备案。

第十九条　纳税人、扣缴义务人和税务机关及其工作人员违反本法规定的，依照《中华人民共和国税收征收管理法》和有关法律法规的规定追究法律责任。

第二十条　个人所得税的征收管理，依照本法和《中华人民共和国税收征收管理法》的规定执行。

第二十一条　国务院根据本法制定实施条例。

第二十二条　本法自公布之日起施行。

附录 B　中华人民共和国个人所得税法实施条例

1994 年 1 月 28 日中华人民共和国国务院令第 142 号发布

根据 2005 年 12 月 19 日《国务院关于修改〈中华人民共和国个人所得税法实施条例〉的决定》第一次修订

根据 2008 年 2 月 18 日《国务院关于修改〈中华人民共和国个人所得税法实施条例〉的决定》第二次修订

根据 2011 年 7 月 19 日《国务院关于修改〈中华人民共和国个人所得税法实施条例〉的决定》第三次修订

2018 年 12 月 18 日中华人民共和国国务院令第 707 号第四次修订

第一条　根据《中华人民共和国个人所得税法》（以下简称个人所得税法），制定本条例。

第二条　个人所得税法所称在中国境内有住所，是指因户籍、家庭、经济利益关系而在中国境内习惯性居住；所称从中国境内和境外取得的所得，分别是指来源于中国境内的所得和来源于中国境外的所得。

第三条　除国务院财政、税务主管部门另有规定外，下列所得，不论支付地点是否在中国境内，均为来源于中国境内的所得：

（一）因任职、受雇、履约等在中国境内提供劳务取得的所得；

（二）将财产出租给承租人在中国境内使用而取得的所得；

（三）许可各种特许权在中国境内使用而取得的所得；

（四）转让中国境内的不动产等财产或者在中国境内转让其他财产取得的所得；

（五）从中国境内企业、事业单位、其他组织以及居民个人取得的利息、股息、红利所得。

第四条　在中国境内无住所的个人，在中国境内居住累计满183天的年度连续不满六年的，经向主管税务机关备案，其来源于中国境外且由境外单位或者个人支付的所得，免予缴纳个人所得税；在中国境内居住累计满183天的任一年度中有一次离境超过30天的，其在中国境内居住累计满183天的年度的连续年限重新起算。

第五条　在中国境内无住所的个人，在一个纳税年度内在中国境内居住累计不超过90天的，其来源于中国境内的所得，由境外雇主支付并且不由该雇主在中国境内的机构、场所负担的部分，免予缴纳个人所得税。

第六条　个人所得税法规定的各项个人所得的范围：

（一）工资、薪金所得，是指个人因任职或者受雇取得的工资、薪金、奖金、年终加薪、劳动分红、津贴、补贴以及与任职或者受雇有关的其他所得。

（二）劳务报酬所得，是指个人从事劳务取得的所得，包括从事设计、装潢、安装、制图、化验、测试、医疗、法律、会计、咨询、讲学、翻译、审稿、书画、雕刻、影视、录音、录像、演出、表演、广告、展览、技术服务、介绍服务、经纪服务、代办服务以及其他劳务取得的所得。

（三）稿酬所得，是指个人因其作品以图书、报刊等形式出版、发表而取得的所得。

（四）特许权使用费所得，是指个人提供专利权、商标权、著作权、非专利技术以及其他特许权的使用权取得的所得；提供著作权的使用权取得的所得，不包括稿酬所得。

（五）经营所得，是指：

1. 个体工商户从事生产、经营活动取得的所得，个人独资企业投资人、合伙企业的个人合伙人来源于境内注册的个人独资企业、合伙企业生产、经营的所得；

2. 个人依法从事办学、医疗、咨询以及其他有偿服务活动取得的所得；

3. 个人对企业、事业单位承包经营、承租经营以及转包、转租取得的所得；

4. 个人从事其他生产、经营活动取得的所得。

（六）利息、股息、红利所得，是指个人拥有债权、股权等而取得的利息、股息、红利所得。

（七）财产租赁所得，是指个人出租不动产、机器设备、车船以及其他财产取得的所得。

（八）财产转让所得，是指个人转让有价证券、股权、合伙企业中的财产份额、不动产、机器设备、车船以及其他财产取得的所得。

（九）偶然所得，是指个人得奖、中奖、中彩以及其他偶然性质的所得。

个人取得的所得，难以界定应纳税所得项目的，由国务院税务主管部门确定。

第七条　对股票转让所得征收个人所得税的办法，由国务院另行规定，并报全国人民代表大会常务委员会备案。

第八条　个人所得的形式，包括现金、实物、有价证券和其他形式的经济利益；所得为实物的，应当按照取得的凭证上所注明的价格计算应纳税所得额,无凭证的实物或者凭证上所注明的价格明显偏低的,参照市场价格核定应纳税所得额;所得为有价证券的,根据票面价格和市场价格核定应纳税所得额;所得为其他形式的经济利益的,参照市场价格核定应纳税所得额。

第九条 个人所得税法第四条第一款第二项所称国债利息,是指个人持有中华人民共和国财政部发行的债券而取得的利息;所称国家发行的金融债券利息,是指个人持有经国务院批准发行的金融债券而取得的利息。

第十条 个人所得税法第四条第一款第三项所称按照国家统一规定发给的补贴、津贴,是指按照国务院规定发给的政府特殊津贴、院士津贴,以及国务院规定免予缴纳个人所得税的其他补贴、津贴。

第十一条 个人所得税法第四条第一款第四项所称福利费,是指根据国家有关规定,从企业、事业单位、国家机关、社会组织提留的福利费或者工会经费中支付给个人的生活补助费;所称救济金,是指各级人民政府民政部门支付给个人的生活困难补助费。

第十二条 个人所得税法第四条第一款第八项所称依照有关法律规定应予免税的各国驻华使馆、领事馆的外交代表、领事官员和其他人员的所得,是指依照《中华人民共和国外交特权与豁免条例》和《中华人民共和国领事特权与豁免条例》规定免税的所得。

第十三条 个人所得税法第六条第一款第一项所称依法确定的其他扣除,包括个人缴付符合国家规定的企业年金、职业年金,个人购买符合国家规定的商业健康保险、税收递延型商业养老保险的支出,以及国务院规定可以扣除的其他项目。

专项扣除、专项附加扣除和依法确定的其他扣除,以居民个人一个纳税年度的应纳税所得额为限额;一个纳税年度扣除不完的,不结转以后年度扣除。

第十四条 个人所得税法第六条第一款第二项、第四项、第六项所称每次,分别按照下列方法确定:

(一)劳务报酬所得、稿酬所得、特许权使用费所得,属于一次性收入的,以取得该项收入为一次;属于同一项目连续性收入的,以一个月内取得的收入为一次。

(二)财产租赁所得,以一个月内取得的收入为一次。

(三)利息、股息、红利所得,以支付利息、股息、红利时取得的收入为一次。

(四)偶然所得,以每次取得该项收入为一次。

第十五条 个人所得税法第六条第一款第三项所称成本、费用,是指生产、经营活动中发生的各项直接支出和分配计入成本的间接费用以及销售费用、管理费用、财务费用;所称损失,是指生产、经营活动中发生的固定资产和存货的盘亏、毁损、报废损失,转让财产损失,坏账损失,自然灾害等不可抗力因素造成的损失以及其他损失。

取得经营所得的个人,没有综合所得的,计算其每一纳税年度的应纳税所得额时,应当减除费用6万元、专项扣除、专项附加扣除以及依法确定的其他扣除。专项附加扣除在办理汇算清缴时减除。

从事生产、经营活动,未提供完整、准确的纳税资料,不能正确计算应纳税所得额的,由主管税务机关核定应纳税所得额或者应纳税额。

第十六条 个人所得税法第六条第一款第五项规定的财产原值,按照下列方法确定:

（一）有价证券，为买入价以及买入时按照规定交纳的有关费用；

（二）建筑物，为建造费或者购进价格以及其他有关费用；

（三）土地使用权，为取得土地使用权所支付的金额、开发土地的费用以及其他有关费用；

（四）机器设备、车船，为购进价格、运输费、安装费以及其他有关费用。

其他财产，参照前款规定的方法确定财产原值。

纳税人未提供完整、准确的财产原值凭证，不能按照本条第一款规定的方法确定财产原值的，由主管税务机关核定财产原值。

个人所得税法第六条第一款第五项所称合理费用，是指卖出财产时按照规定支付的有关税费。

第十七条　财产转让所得，按照一次转让财产的收入额减除财产原值和合理费用后的余额计算纳税。

第十八条　两个以上的个人共同取得同一项目收入的，应当对每个人取得的收入分别按照个人所得税法的规定计算纳税。

第十九条　个人所得税法第六条第三款所称个人将其所得对教育、扶贫、济困等公益慈善事业进行捐赠，是指个人将其所得通过中国境内的公益性社会组织、国家机关向教育、扶贫、济困等公益慈善事业的捐赠；所称应纳税所得额，是指计算扣除捐赠额之前的应纳税所得额。

第二十条　居民个人从中国境内和境外取得的综合所得、经营所得，应当分别合并计算应纳税额；从中国境内和境外取得的其他所得，应当分别单独计算应纳税额。

第二十一条　个人所得税法第七条所称已在境外缴纳的个人所得税

税额，是指居民个人来源于中国境外的所得，依照该所得来源国家（地区）的法律应当缴纳并且实际已经缴纳的所得税税额。

个人所得税法第七条所称纳税人境外所得依照本法规定计算的应纳税额，是居民个人抵免已在境外缴纳的综合所得、经营所得以及其他所得的所得税税额的限额（以下简称抵免限额）。除国务院财政、税务主管部门另有规定外，来源于中国境外一个国家（地区）的综合所得抵免限额、经营所得抵免限额以及其他所得抵免限额之和，为来源于该国家（地区）所得的抵免限额。

居民个人在中国境外一个国家（地区）实际已经缴纳的个人所得税税额，低于依照前款规定计算出的来源于该国家（地区）所得的抵免限额的，应当在中国缴纳差额部分的税款；超过来源于该国家（地区）所得的抵免限额的，其超过部分不得在本纳税年度的应纳税额中抵免，但是可以在以后纳税年度来源于该国家（地区）所得的抵免限额的余额中补扣。补扣期限最长不得超过五年。

第二十二条　居民个人申请抵免已在境外缴纳的个人所得税税额，应当提供境外税务机关出具的税款所属年度的有关纳税凭证。

第二十三条　个人所得税法第八条第二款规定的利息，应当按照税款所属纳税申报期最后一日中国人民银行公布的与补税期间同期的人民币贷款基准利率计算，自税款纳税申报期满次日起至补缴税款期限届满之日止按日加收。纳税人在补缴税款期限届满前补缴税款的，利息加收至补缴税款之日。

第二十四条　扣缴义务人向个人支付应税款项时，应当依照个人所得税法规定预扣或者代扣税款，按时缴库，并专项记载备查。

前款所称支付，包括现金支付、汇拨支付、转账支付和以有价证券、实物以及其他形式的支付。

第二十五条　取得综合所得需要办理汇算清缴的情形包括：

（一）从两处以上取得综合所得，且综合所得年收入额减除专项扣除的余额超过6万元；

（二）取得劳务报酬所得、稿酬所得、特许权使用费所得中一项或者多项所得，且综合所得年收入额减除专项扣除的余额超过6万元；

（三）纳税年度内预缴税额低于应纳税额；

（四）纳税人申请退税。

纳税人申请退税，应当提供其在中国境内开设的银行账户，并在汇算清缴地就地办理税款退库。

汇算清缴的具体办法由国务院税务主管部门制定。

第二十六条　个人所得税法第十条第二款所称全员全额扣缴申报，是指扣缴义务人在代扣税款的次月十五日内，向主管税务机关报送其支付所得的所有个人的有关信息、支付所得数额、扣除事项和数额、扣缴税款的具体数额和总额以及其他相关涉税信息资料。

第二十七条　纳税人办理纳税申报的地点以及其他有关事项的具体办法，由国务院税务主管部门制定。

第二十八条　居民个人取得工资、薪金所得时，可以向扣缴义务人提供专项附加扣除有关信息，由扣缴义务人扣缴税款时减除专项附加扣除。纳税人同时从两处以上取得工资、薪金所得，并由扣缴义务人减除专项附加扣除的，对同一专项附加扣除项目，在一个纳税年度内只能选择从一处取得的所得中减除。

居民个人取得劳务报酬所得、稿酬所得、特许权使用费所得，应当在汇算清缴时向税务机关提供有关信息，减除专项附加扣除。

第二十九条　纳税人可以委托扣缴义务人或者其他单位和个人办理汇算清缴。

第三十条　扣缴义务人应当按照纳税人提供的信息计算办理扣缴申报，不得擅自更改纳税人提供的信息。

纳税人发现扣缴义务人提供或者扣缴申报的个人信息、所得、扣缴税款等与实际情况不符的，有权要求扣缴义务人修改。扣缴义务人拒绝修改的，纳税人应当报告税务机关，税务机关应当及时处理。

纳税人、扣缴义务人应当按照规定保存与专项附加扣除相关的资料。税务机关可以对纳税人提供的专项附加扣除信息进行抽查，具体办法由国务院税务主管部门另行规定。税务机关发现纳税人提供虚假信息的，应当责令改正并通知扣缴义务人；情节严重的，有关部门应当依法予以处理，纳入信用信息系统并实施联合惩戒。

第三十一条　纳税人申请退税时提供的汇算清缴信息有错误的，税务机关应当告知其更正；纳税人更正的，税务机关应当及时办理退税。

扣缴义务人未将扣缴的税款解缴入库的，不影响纳税人按照规定申请退税，税务机关应当凭纳税人提供的有关资料办理退税。

第三十二条　所得为人民币以外货币的，按照办理纳税申报或者扣缴申报的上一月最后一日人民币汇率中间价，折合成人民币计算应纳税所得额。年度终了后办理汇算清缴的，对已经按月、按季或者按次预缴税款的人民币以外货币所得，不再重新折算；对应当补缴税款的所得部分，按照上一纳税年度最后一日人民币汇率中间价，折合成人民币计算应纳税所得额。

第三十三条　税务机关按照个人所得税法第十七条的规定付给扣缴义务人手续费，应当填开退还书；扣缴义务人凭退还书，按照国库管理有关规定办理退库手续。

第三十四条　个人所得税纳税申报表、扣缴个人所得税报告表和个人所得税完税凭证式样，由国务院税务主管部门统一制定。

第三十五条　军队人员个人所得税征收事宜，按照有关规定执行。

第三十六条　本条例自 2019 年 1 月 1 日起施行。

附录 C 个人所得税专项附加扣除暂行办法

第一章 总　则

第一条　根据《中华人民共和国个人所得税法》（以下简称个人所得税法）规定，制定本办法。

第二条　本办法所称个人所得税专项附加扣除，是指个人所得税法规定的子女教育、继续教育、大病医疗、住房贷款利息或者住房租金、赡养老人等 6 项专项附加扣除。

第三条　个人所得税专项附加扣除遵循公平合理、利于民生、简便易行的原则。

第四条　根据教育、医疗、住房、养老等民生支出变化情况，适时调整专项附加扣除范围和标准。

第二章　子女教育

第五条　纳税人的子女接受全日制学历教育的相关支出，按照每个子女每月 1000 元的标准定额扣除。

学历教育包括义务教育（小学、初中教育）、高中阶段教育（普通高中、中等职业、技工教育）、高等教育（大学专科、大学本科、硕士研究生、博士研究生教育）。

年满 3 岁至小学入学前处于学前教育阶段的子女，按本条第一款规定执行。

第六条　父母可以选择由其中一方按扣除标准的 100% 扣除，也可以选择由双方分别按扣除标准的 50% 扣除，具体扣除方式在一个纳税年度内不能变更。

第七条　纳税人子女在中国境外接受教育的，纳税人应当留存境外学校录取通知书、留学签证等相关教育的证明资料备查。

第三章　继续教育

第八条　纳税人在中国境内接受学历（学位）继续教育的支出，在学历（学位）教育期间按照每月400元定额扣除。同一学历（学位）继续教育的扣除期限不能超过48个月。纳税人接受技能人员职业资格继续教育、专业技术人员职业资格继续教育的支出，在取得相关证书的当年，按照3600元定额扣除。

第九条　个人接受本科及以下学历（学位）继续教育，符合本办法规定扣除条件的，可以选择由其父母扣除，也可以选择由本人扣除。

第十条　纳税人接受技能人员职业资格继续教育、专业技术人员职业资格继续教育的，应当留存相关证书等资料备查。

第四章　大病医疗

第十一条　在一个纳税年度内，纳税人发生的与基本医保相关的医药费用支出，扣除医保报销后个人负担（指医保目录范围内的自付部分）累计超过15000元的部分，由纳税人在办理年度汇算清缴时，在80000元限额内据实扣除。

第十二条　纳税人发生的医药费用支出可以选择由本人或者其配偶扣除；未成年子女发生的医药费用支出可以选择由其父母一方扣除。

纳税人及其配偶、未成年子女发生的医药费用支出，按本办法第十一条规定分别计算扣除额。

第十三条　纳税人应当留存医药服务收费及医保报销相关票据原件（或者复印件）等资料备查。医疗保障部门应当向患者提供在医疗保障信息系统记录的本人年度医药费用信息查询服务。

第五章　住房贷款利息

第十四条　纳税人本人或者配偶单独或者共同使用商业银行或者住房公积金个人住房贷款为本人或者其配偶购买中国境内住房，发生的首套住房贷款利息支出，在实际发生贷款利息的年度，按照每月1000元的标准定额扣除，扣除期限最长不超过240个月。纳税人只能享受一次首套住房贷款的利息扣除。

本办法所称首套住房贷款是指购买住房享受首套住房贷款利率的住房贷款。

第十五条　经夫妻双方约定，可以选择由其中一方扣除，具体扣除方式在一个纳税年度内不能变更。

夫妻双方婚前分别购买住房发生的首套住房贷款，其贷款利息支出，婚后可以选择其中一套购买的住房，由购买方按扣除标准的100%扣除，也可以由夫妻双方对各自购买的住房分别按扣除标准的50%扣除，具体扣除方式在一个纳税年度内不能变更。

第十六条　纳税人应当留存住房贷款合同、贷款还款支出凭证备查。

第六章　住房租金

第十七条　纳税人在主要工作城市没有自有住房而发生的住房租金支出，可以按照以下标准定额扣除：

（一）直辖市、省会（首府）城市、计划单列市以及国务院确定的其他城市，扣除标准为每月1 500元；

（二）除第一项所列城市以外，市辖区户籍人口超过100万的城市，扣除标准为每月1 100元；市辖区户籍人口不超过100万的城市，扣除标准为每月800元。

纳税人的配偶在纳税人的主要工作城市有自有住房的，视同纳税人在主要工作城市有自有住房。

市辖区户籍人口，以国家统计局公布的数据为准。

第十八条　本办法所称主要工作城市是指纳税人任职受雇的直辖市、计划单列市、副省级城市、地级市（地区、州、盟）全部行政区域范围；纳税人无任职受雇单位的，为受理其综合所得汇算清缴的税务机关所在城市。

夫妻双方主要工作城市相同的，只能由一方扣除住房租金支出。

第十九条　住房租金支出由签订租赁住房合同的承租人扣除。

第二十条　纳税人及其配偶在一个纳税年度内不能同时分别享受住房贷款利息和住房租金专项附加扣除。

第二十一条　纳税人应当留存住房租赁合同、协议等有关资料备查。

第七章　赡养老人

第二十二条　纳税人赡养一位及以上被赡养人的赡养支出，统一按照以下标准定额扣除：

（一）纳税人为独生子女的，按照每月2000元的标准定额扣除；

（二）纳税人为非独生子女的，由其与兄弟姐妹分摊每月2000元的扣除额度，每人分摊的额度不能超过每月1000元。可以由赡养人均摊或者约定分摊，也可以由被赡养人指定分摊。约定或者指定分摊的须签订书面分摊协议，指定分摊优先于约定分摊。具体分摊方式和额度在一个纳税年度内不能变更。

第二十三条　本办法所称被赡养人是指年满60岁的父母，以及子女均已去世的年满60岁的祖父母、外祖父母。

第八章　保障措施

第二十四条　纳税人向收款单位索取发票、财政票据、支出凭证，收款单位不能拒绝提供。

第二十五条　纳税人首次享受专项附加扣除，应当将专项附加扣除相关信息提交扣缴义务人或者税务机关，扣缴义务人应当及时将相关信息报送税务机关，纳税人对所提交信息的真实性、准确性、完整性负责。专项附加扣除信息发生变化的，纳税人应当及时向扣缴义务人或者税务机关提供相关信息。

前款所称专项附加扣除相关信息，包括纳税人本人、配偶、子女、被赡养人等个人身份信息，以及国务院税务主管部门规定的其他与专项附加扣除相关的信息。

本办法规定纳税人需要留存备查的相关资料应当留存五年。

第二十六条　有关部门和单位有责任和义务向税务部门提供或者协助核实以下与专项附加扣除有关的信息：

（一）公安部门有关户籍人口基本信息、户成员关系信息、出入境证件信息、相关出国人员信息、户籍人口死亡标识等信息；

（二）卫生健康部门有关出生医学证明信息、独生子女信息；

（三）民政部门、外交部门、法院有关婚姻状况信息；

（四）教育部门有关学生学籍信息（包括学历继续教育学生学籍、考籍信息）、在相关部门备案的境外教育机构资质信息；

（五）人力资源社会保障等部门有关技工院校学生学籍信息、技能人员职业资格继续教育信息、专业技术人员职业资格继续教育信息；

（六）住房城乡建设部门有关房屋（含公租房）租赁信息、住房公积金管理机构有关住房公积金贷款还款支出信息；

（七）自然资源部门有关不动产登记信息；

（八）人民银行、金融监督管理部门有关住房商业贷款还款支出信息；

（九）医疗保障部门有关在医疗保障信息系统记录的个人负担的医药

费用信息；

（十）国务院税务主管部门确定需要提供的其他涉税信息。

上述数据信息的格式、标准、共享方式，由国务院税务主管部门及各省、自治区、直辖市和计划单列市税务局商有关部门确定。

有关部门和单位拥有专项附加扣除涉税信息，但未按规定要求向税务部门提供的，拥有涉税信息的部门或者单位的主要负责人及相关人员承担相应责任。

第二十七条　扣缴义务人发现纳税人提供的信息与实际情况不符的，可以要求纳税人修改。纳税人拒绝修改的，扣缴义务人应当报告税务机关，税务机关应当及时处理。

第二十八条　税务机关核查专项附加扣除情况时，纳税人任职受雇单位所在地、经常居住地、户籍所在地的公安派出所、居民委员会或者村民委员会等有关单位和个人应当协助核查。

第九章　附则

第二十九条　本办法所称父母，是指生父母、继父母、养父母。本办法所称子女，是指婚生子女、非婚生子女、继子女、养子女。父母之外的其他人担任未成年人的监护人的，比照本办法规定执行。

第三十条　个人所得税专项附加扣除额一个纳税年度扣除不完的，不能结转以后年度扣除。

第三十一条　个人所得税专项附加扣除具体操作办法，由国务院税务主管部门另行制定。

第三十二条　本办法自2019年1月1日起施行。

附录D 国家税务总局关于自然人纳税人识别号有关事项的公告

国家税务总局公告2018年第59号

根据新修改的《中华人民共和国个人所得税法》，为便利纳税人办理涉税业务，现就自然人纳税人识别号有关事项公告如下：

一、自然人纳税人识别号，是自然人纳税人办理各类涉税事项的唯一代码标识。

二、有中国公民身份号码的，以其中国公民身份号码作为纳税人识别号；没有中国公民身份号码的，由税务机关赋予其纳税人识别号。

三、纳税人首次办理涉税事项时，应当向税务机关或者扣缴义务人出示有效身份证件，并报送相关基础信息。

四、税务机关应当在赋予自然人纳税人识别号后告知或者通过扣缴义务人告知纳税人其纳税人识别号，并为自然人纳税人查询本人纳税人识别号提供便利。

五、自然人纳税人办理纳税申报、税款缴纳、申请退税、开具完税凭证、纳税查询等涉税事项时应当向税务机关或扣缴义务人提供纳税人识别号。

六、本公告所称"有效身份证件"，是指：

（一）纳税人为中国公民且持有有效《中华人民共和国居民身份证》（以下简称"居民身份证"）的，为居民身份证。

（二）纳税人为华侨且没有居民身份证的，为有效的《中华人民共和国护照》和华侨身份证明。

（三）纳税人为港澳居民的，为有效的《港澳居民来往内地通行证》或《中华人民共和国港澳居民居住证》。

（四）纳税人为台湾居民的，为有效的《台湾居民来往大陆通行证》或《中华人民共和国台湾居民居住证》。

（五）纳税人为持有有效《中华人民共和国外国人永久居留身份证》（以下简称永久居留证）的外籍个人的，为永久居留证和外国护照；未持有永久居留证但持有有效《中华人民共和国外国人工作许可证》（以下简称工作许可证）的，为工作许可证和外国护照；其他外籍个人，为有效的外国护照。

本公告自 2019 年 1 月 1 日起施行。

特此公告。

国家税务总局

2018 年 12 月 17 日

附录 E　国家税务总局关于全面实施新个人所得税法若干征管衔接问题的公告

国家税务总局公告 2018 年第 56 号

为贯彻落实新修改的《中华人民共和国个人所得税法》（以下简称"新个人所得税法"），现就全面实施新个人所得税法后扣缴义务人对居民个人工资、薪金所得，劳务报酬所得，稿酬所得，特许权使用费所得预扣预缴个人所得税的计算方法，对非居民个人上述四项所得扣缴个人所得税的计算方法，公告如下：

一、居民个人预扣预缴方法

扣缴义务人向居民个人支付工资、薪金所得，劳务报酬所得，稿酬所得，特许权使用费所得时，按以下方法预扣预缴个人所得税，并向主管税务机关报送《个人所得税扣缴申报表》（见附件1）。年度预扣预缴税额与年度应纳税额不一致的，由居民个人于次年3月1日至6月30日向主管税务机关办理综合所得年度汇算清缴，税款多退少补。

（一）扣缴义务人向居民个人支付工资、薪金所得时，应当按照累计预扣法计算预扣税款，并按月办理全员全额扣缴申报。具体计算公式如下：

本期应预扣预缴税额 =（累计预扣预缴应纳税所得额 × 预扣率 − 速算扣除数）− 累计减免税额 − 累计已预扣预缴税额

累计预扣预缴应纳税所得额 = 累计收入 − 累计免税收入 − 累计减除费用 − 累计专项扣除 − 累计专项附加扣除 − 累计依法确定的其他扣除

其中：累计减除费用，按照5 000元/月乘以纳税人当年截至本月在本单位的任职受雇月份数计算。

上述公式中，计算居民个人工资、薪金所得预扣预缴税额的预扣率、速算扣除数，按《个人所得税预扣率表一》（见附件2）执行。

（二）扣缴义务人向居民个人支付劳务报酬所得、稿酬所得、特许权使用费所得，按次或者按月预扣预缴个人所得税。具体预扣预缴方法如下：

劳务报酬所得、稿酬所得、特许权使用费所得以收入减除费用后的余额为收入额。其中，稿酬所得的收入额减按百分之七十计算。

减除费用：劳务报酬所得、稿酬所得、特许权使用费所得每次收入不超过四千元的，减除费用按八百元计算；每次收入四千元以上的，减除费用按百分之二十计算。

应纳税所得额：劳务报酬所得、稿酬所得、特许权使用费所得，以每次收入额为预扣预缴应纳税所得额。劳务报酬所得适用百分之二十至百分之四十的超额累进预扣率（见附件2《个人所得税预扣率表二》），稿酬所得、特许权使用费所得适用百分之二十的比例预扣率。

劳务报酬所得应预扣预缴税额

＝预扣预缴应纳税所得额×预扣率－速算扣除数

稿酬所得、特许权使用费所得应预扣预缴税额

＝预扣预缴应纳税所得额×20％

二、非居民个人扣缴方法

扣缴义务人向非居民个人支付工资、薪金所得，劳务报酬所得，稿酬所得和特许权使用费所得时，应当按以下方法按月或者按次代扣代缴个人所得税：

非居民个人的工资、薪金所得，以每月收入额减除费用五千元后的余额为应纳税所得额；劳务报酬所得、稿酬所得、特许权使用费所得，以每次收入额为应纳税所得额，适用按月换算后的非居民个人月度税率表（见附件2《个人所得税税率表三》）计算应纳税额。其中，劳务报酬所得、稿酬所得、特许权使用费所得以收入减除百分之二十的费用后的余额为收入额。稿酬所得的收入额减按百分之七十计算。

非居民个人工资、薪金所得，劳务报酬所得，稿酬所得，特许权使用费所得应纳税额＝应纳税所得额×税率－速算扣除数

本公告自2019年1月1日起施行。

特此公告。

附件：1.《个人所得税扣缴申报表》及填表说明（略）

2.个人所得税税率表及预扣率表（略）

国家税务总局
2018年12月19日

附录F 个人所得税扣缴申报管理办法（试行）

第一条 为规范个人所得税扣缴申报行为，维护纳税人和扣缴义务人合法权益，根据《中华人民共和国个人所得税法》及其实施条例、《中华人民共和国税收征收管理法》及其实施细则等法律法规的规定，制定本办法。

第二条 扣缴义务人，是指向个人支付所得的单位或者个人。扣缴义务人应当依法办理全员全额扣缴申报。

全员全额扣缴申报，是指扣缴义务人应当在代扣税款的次月十五日内，向主管税务机关报送其支付所得的所有个人的有关信息、支付所得数额、扣除事项和数额、扣缴税款的具体数额和总额以及其他相关涉税信息资料。

第三条 扣缴义务人每月或者每次预扣、代扣的税款，应当在次月十五日内缴入国库，并向税务机关报送《个人所得税扣缴申报表》。

第四条 实行个人所得税全员全额扣缴申报的应税所得包括：

（一）工资、薪金所得；

（二）劳务报酬所得；

（三）稿酬所得；

（四）特许权使用费所得；

（五）利息、股息、红利所得；

（六）财产租赁所得；

（七）财产转让所得；

（八）偶然所得。

第五条　扣缴义务人首次向纳税人支付所得时，应当按照纳税人提供的纳税人识别号等基础信息，填写《个人所得税基础信息表（A表）》，并于次月扣缴申报时向税务机关报送。

扣缴义务人对纳税人向其报告的相关基础信息变化情况，应当于次月扣缴申报时向税务机关报送。

第六条　扣缴义务人向居民个人支付工资、薪金所得时，应当按照累计预扣法计算预扣税款，并按月办理扣缴申报。

累计预扣法，是指扣缴义务人在一个纳税年度内预扣预缴税款时，以纳税人在本单位截至当前月份工资、薪金所得累计收入减除累计免税收入、累计减除费用、累计专项扣除、累计专项附加扣除和累计依法确定的其他扣除后的余额为累计预扣预缴应纳税所得额，适用个人所得税预扣率表一（见附件），计算累计应预扣预缴税额，再减除累计减免税额和累计已预扣预缴税额，其余额为本期应预扣预缴税额。余额为负值时，暂不退税。纳税年度终了后余额仍为负值时，由纳税人通过办理综合所得年度汇算清缴，税款多退少补。

具体计算公式如下：

本期应预扣预缴税额 =（累计预扣预缴应纳税所得额 × 预扣率 – 速算扣除数）– 累计减免税额 – 累计已预扣预缴税额

累计预扣预缴应纳税所得额 = 累计收入 – 累计免税收入 – 累计减除费用 – 累计专项扣除 – 累计专项附加扣除 – 累计依法确定的其他扣除

其中：累计减除费用，按照5 000元/月乘以纳税人当年截至本月在本单位的任职受雇月份数计算。

第七条　居民个人向扣缴义务人提供有关信息并依法要求办理专项

附加扣除的，扣缴义务人应当按照规定在工资、薪金所得按月预扣预缴税款时予以扣除，不得拒绝。

第八条　扣缴义务人向居民个人支付劳务报酬所得、稿酬所得、特许权使用费所得时，应当按照以下方法按次或者按月预扣预缴税款：

劳务报酬所得、稿酬所得、特许权使用费所得以收入减除费用后的余额为收入额；其中，稿酬所得的收入额减按百分之七十计算。

减除费用：预扣预缴税款时，劳务报酬所得、稿酬所得、特许权使用费所得每次收入不超过四千元的，减除费用按八百元计算；每次收入四千元以上的，减除费用按收入的百分之二十计算。

应纳税所得额：劳务报酬所得、稿酬所得、特许权使用费所得，以每次收入额为预扣预缴应纳税所得额，计算应预扣预缴税额。劳务报酬所得适用个人所得税预扣率表二（见附件），稿酬所得、特许权使用费所得适用百分之二十的比例预扣率。

居民个人办理年度综合所得汇算清缴时，应当依法计算劳务报酬所得、稿酬所得、特许权使用费所得的收入额，并入年度综合所得计算应纳税款，税款多退少补。

第九条　扣缴义务人向非居民个人支付工资、薪金所得，劳务报酬所得，稿酬所得和特许权使用费所得时，应当按照以下方法按月或者按次代扣代缴税款：

非居民个人的工资、薪金所得，以每月收入额减除费用五千元后的余额为应纳税所得额；劳务报酬所得、稿酬所得、特许权使用费所得，以每次收入额为应纳税所得额，适用个人所得税税率表三（见附件）计算应纳税额。劳务报酬所得、稿酬所得、特许权使用费所得以收入减除百分之二十的费用后的余额为收入额；其中，稿酬所得的收入额减按百分之七十计算。

非居民个人在一个纳税年度内税款扣缴方法保持不变，达到居民个人条件时，应当告知扣缴义务人基础信息变化情况，年度终了后按照居民个人有关规定办理汇算清缴。

第十条　扣缴义务人支付利息、股息、红利所得，财产租赁所得，财产转让所得或者偶然所得时，应当依法按次或者按月代扣代缴税款。

第十一条　劳务报酬所得、稿酬所得、特许权使用费所得，属于一次性收入的，以取得该项收入为一次；属于同一项目连续性收入的，以一个月内取得的收入为一次。

财产租赁所得，以一个月内取得的收入为一次。

利息、股息、红利所得，以支付利息、股息、红利时取得的收入为一次。

偶然所得，以每次取得该项收入为一次。

第十二条　纳税人需要享受税收协定待遇的，应当在取得应税所得时主动向扣缴义务人提出，并提交相关信息、资料，扣缴义务人代扣代缴税款时按照享受税收协定待遇有关办法办理。

第十三条　支付工资、薪金所得的扣缴义务人应当于年度终了后两个月内，向纳税人提供其个人所得和已扣缴税款等信息。纳税人年度中间需要提供上述信息的，扣缴义务人应当提供。

纳税人取得除工资、薪金所得以外的其他所得，扣缴义务人应当在扣缴税款后，及时向纳税人提供其个人所得和已扣缴税款等信息。

第十四条　扣缴义务人应当按照纳税人提供的信息计算税款、办理扣缴申报，不得擅自更改纳税人提供的信息。

扣缴义务人发现纳税人提供的信息与实际情况不符的，可以要求纳税人修改。纳税人拒绝修改的，扣缴义务人应当报告税务机关，税务机关应当及时处理。

纳税人发现扣缴义务人提供或者扣缴申报的个人信息、支付所得、扣缴税款等信息与实际情况不符的，有权要求扣缴义务人修改。扣缴义务人拒绝修改的，纳税人应当报告税务机关，税务机关应当及时处理。

第十五条　扣缴义务人对纳税人提供的《个人所得税专项附加扣除信息表》，应当按照规定妥善保存备查。

第十六条　扣缴义务人应当依法对纳税人报送的专项附加扣除等相关涉税信息和资料保密。

第十七条　对扣缴义务人按照规定扣缴的税款，按年付给百分之二的手续费。不包括税务机关、司法机关等查补或者责令补扣的税款。

扣缴义务人领取的扣缴手续费可用于提升办税能力、奖励办税人员。

第十八条　扣缴义务人依法履行代扣代缴义务，纳税人不得拒绝。纳税人拒绝的，扣缴义务人应当及时报告税务机关。

第十九条　扣缴义务人有未按照规定向税务机关报送资料和信息、未按照纳税人提供信息虚报虚扣专项附加扣除、应扣未扣税款、不缴或少缴已扣税款、借用或冒用他人身份等行为的，依照《中华人民共和国税收征收管理法》等相关法律、行政法规处理。

第二十条　本办法相关表证单书式样，由国家税务总局另行制定发布。

第二十一条　本办法自2019年1月1日起施行。《国家税务总局关于印发〈个人所得税全员全额扣缴申报管理暂行办法〉的通知》（国税发〔2005〕205号）同时废止。

附录G 个人所得税专项附加扣除操作办法（试行）

第一章 总 则

第一条 为了规范个人所得税专项附加扣除行为，切实维护纳税人合法权益，根据新修改的《中华人民共和国个人所得税法》及其实施条例、《中华人民共和国税收征收管理法》及其实施细则、《国务院关于印发个人所得税专项附加扣除暂行办法的通知》（国发〔2018〕41号）的规定，制定本办法。

第二条 纳税人享受子女教育、继续教育、大病医疗、住房贷款利息或者住房租金、赡养老人专项附加扣除的，依照本办法规定办理。

第二章 享受扣除及办理时间

第三条 纳税人享受符合规定的专项附加扣除的计算时间分别为：

（一）子女教育。学前教育阶段，为子女年满3周岁当月至小学入学前一月。学历教育，为子女接受全日制学历教育入学的当月至全日制学历教育结束的当月。

（二）继续教育。学历（学位）继续教育，为在中国境内接受学历（学位）继续教育入学的当月至学历（学位）继续教育结束的当月，同一学历（学位）继续教育的扣除期限最长不得超过48个月。技能人员职业资格继续教育、专业技术人员职业资格继续教育，为取得相关证书的当年。

（三）大病医疗。为医疗保障信息系统记录的医药费用实际支出的当年。

（四）住房贷款利息。为贷款合同约定开始还款的当月至贷款全部归还或贷款合同终止的当月，扣除期限最长不得超过240个月。

（五）住房租金。为租赁合同（协议）约定的房屋租赁期开始的当月至租赁期结束的当月。提前终止合同（协议）的，以实际租赁期限为准。

（六）赡养老人。为被赡养人年满60周岁的当月至赡养义务终止的年末。

前款第一项、第二项规定的学历教育和学历（学位）继续教育的期间，包含因病或其他非主观原因休学但学籍继续保留的休学期间，以及施教机构按规定组织实施的寒暑假等假期。

第四条 享受子女教育、继续教育、住房贷款利息或者住房租金、赡养老人专项附加扣除的纳税人，自符合条件开始，可以向支付工资、薪金所得的扣缴义务人提供上述专项附加扣除有关信息，由扣缴义务人在预扣预缴税款时，按其在本单位本年可享受的累计扣除额办理扣除；也可以在次年3月1日至6月30日内，向汇缴地主管税务机关办理汇算清缴申报时扣除。

纳税人同时从两处以上取得工资、薪金所得，并由扣缴义务人办理上述专项附加扣除的，对同一专项附加扣除项目，一个纳税年度内，纳税人只能选择从其中一处扣除。

享受大病医疗专项附加扣除的纳税人，由其在次年3月1日至6月30日内，自行向汇缴地主管税务机关办理汇算清缴申报时扣除。

第五条 扣缴义务人办理工资、薪金所得预扣预缴税款时，应当根据纳税人报送的《个人所得税专项附加扣除信息表》（以下简称《扣除信息表》，见附件）为纳税人办理专项附加扣除。

纳税人年度中间更换工作单位的，在原单位任职、受雇期间已享受的专项附加扣除金额，不得在新任职、受雇单位扣除。原扣缴义务人应当自纳税人离职不再发放工资薪金所得的当月起，停止为其办理专项附加扣除。

第六条　纳税人未取得工资、薪金所得，仅取得劳务报酬所得、稿酬所得、特许权使用费所得需要享受专项附加扣除的，应当在次年3月1日至6月30日内，自行向汇缴地主管税务机关报送《扣除信息表》，并在办理汇算清缴申报时扣除。

第七条　一个纳税年度内，纳税人在扣缴义务人预扣预缴税款环节未享受或未足额享受专项附加扣除的，可以在当年内向支付工资、薪金的扣缴义务人申请在剩余月份发放工资、薪金时补充扣除，也可以在次年3月1日至6月30日内，向汇缴地主管税务机关办理汇算清缴时申报扣除。

第三章　报送信息及留存备查资料

第八条　纳税人选择在扣缴义务人发放工资、薪金所得时享受专项附加扣除的，首次享受时应当填写并向扣缴义务人报送《扣除信息表》；纳税年度中间相关信息发生变化的，纳税人应当更新《扣除信息表》相应栏次，并及时报送给扣缴义务人。

更换工作单位的纳税人，需要由新任职、受雇扣缴义务人办理专项附加扣除的，应当在入职的当月，填写并向扣缴义务人报送《扣除信息表》。

第九条　纳税人次年需要由扣缴义务人继续办理专项附加扣除的，应当于每年12月份对次年享受专项附加扣除的内容进行确认，并报送至扣缴义务人。纳税人未及时确认的，扣缴义务人于次年1月起暂停扣除，待纳税人确认后再行办理专项附加扣除。

扣缴义务人应当将纳税人报送的专项附加扣除信息，在次月办理扣缴申报时一并报送至主管税务机关。

第十条　纳税人选择在汇算清缴申报时享受专项附加扣除的，应当填写并向汇缴地主管税务机关报送《扣除信息表》。

第十一条　纳税人将需要享受的专项附加扣除项目信息填报至《扣除信息表》相应栏次。填报要素完整的，扣缴义务人或者主管税务机关应当受理；填报要素不完整的，扣缴义务人或者主管税务机关应当及时告知纳税人补正或重新填报。纳税人未补正或重新填报的，暂不办理相关专项附加扣除，待纳税人补正或重新填报后再行办理。

第十二条　纳税人享受子女教育专项附加扣除，应当填报配偶及子女的姓名、身份证件类型及号码、子女当前受教育阶段及起止时间、子女就读学校以及本人与配偶之间扣除分配比例等信息。

纳税人需要留存备查资料包括：子女在境外接受教育的，应当留存境外学校录取通知书、留学签证等境外教育佐证资料。

第十三条　纳税人享受继续教育专项附加扣除，接受学历（学位）继续教育的，应当填报教育起止时间、教育阶段等信息；接受技能人员或者专业技术人员职业资格继续教育的，应当填报证书名称、证书编号、发证机关、发证（批准）时间等信息。

纳税人需要留存备查资料包括：纳税人接受技能人员职业资格继续教育、专业技术人员职业资格继续教育的，应当留存职业资格相关证书等资料。

第十四条　纳税人享受住房贷款利息专项附加扣除，应当填报住房权属信息、住房坐落地址、贷款方式、贷款银行、贷款合同编号、贷款期限、首次还款日期等信息；纳税人有配偶的，填写配偶姓名、身份证件类型及号码。

纳税人需要留存备查资料包括：住房贷款合同、贷款还款支出凭证等资料。

第十五条　纳税人享受住房租金专项附加扣除，应当填报主要工作城市、租赁住房坐落地址、出租人姓名及身份证件类型和号码或者出租方单位名称及纳税人识别号（社会统一信用代码）、租赁起止时间等信息；纳税人有配偶的，填写配偶姓名、身份证件类型及号码。

纳税人需要留存备查资料包括：住房租赁合同或协议等资料。

第十六条　纳税人享受赡养老人专项附加扣除，应当填报纳税人是否为独生子女、月扣除金额、被赡养人姓名及身份证件类型和号码、与纳税人关系；有共同赡养人的，需填报分摊方式、共同赡养人姓名及身份证件类型和号码等信息。

纳税人需要留存备查资料包括：约定或指定分摊的书面分摊协议等资料。

第十七条　纳税人享受大病医疗专项附加扣除，应当填报患者姓名、身份证件类型及号码、与纳税人关系、与基本医保相关的医药费用总金额、医保目录范围内个人负担的自付金额等信息。

纳税人需要留存备查资料包括：大病患者医药服务收费及医保报销相关票据原件或复印件，或者医疗保障部门出具的纳税年度医药费用清单等资料。

第十八条　纳税人应当对报送的专项附加扣除信息的真实性、准确性、完整性负责。

第四章　信息报送方式

第十九条　纳税人可以通过远程办税端、电子或者纸质报表等方式，向扣缴义务人或者主管税务机关报送个人专项附加扣除信息。

第二十条　纳税人选择纳税年度内由扣缴义务人办理专项附加扣除的，按下列规定办理：

（一）纳税人通过远程办税端选择扣缴义务人并报送专项附加扣除信息的，扣缴义务人根据接收的扣除信息办理扣除。

（二）纳税人通过填写电子或者纸质《扣除信息表》直接报送扣缴义

务人的，扣缴义务人将相关信息导入或者录入扣缴端软件，并在次月办理扣缴申报时提交给主管税务机关。《扣除信息表》应当一式两份，纳税人和扣缴义务人签字（章）后分别留存备查。

第二十一条　纳税人选择年度终了后办理汇算清缴申报时享受专项附加扣除的，既可以通过远程办税端报送专项附加扣除信息，也可以将电子或者纸质《扣除信息表》（一式两份）报送给汇缴地主管税务机关。

报送电子《扣除信息表》的，主管税务机关受理打印，交由纳税人签字后，一份由纳税人留存备查，一份由税务机关留存；报送纸质《扣除信息表》的，纳税人签字确认、主管税务机关受理签章后，一份退还纳税人留存备查，一份由税务机关留存。

第二十二条　扣缴义务人和税务机关应当告知纳税人办理专项附加扣除的方式和渠道，鼓励并引导纳税人采用远程办税端报送信息。

第五章　后续管理

第二十三条　纳税人应当将《扣除信息表》及相关留存备查资料，自法定汇算清缴期结束后保存五年。

纳税人报送给扣缴义务人的《扣除信息表》，扣缴义务人应当自预扣预缴年度的次年起留存五年。

第二十四条　纳税人向扣缴义务人提供专项附加扣除信息的，扣缴义务人应当按照规定予以扣除，不得拒绝。扣缴义务人应当为纳税人报送的专项附加扣除信息保密。

第二十五条　扣缴义务人应当及时按照纳税人提供的信息计算办理扣缴申报，不得擅自更改纳税人提供的相关信息。

扣缴义务人发现纳税人提供的信息与实际情况不符，可以要求纳税人修改。纳税人拒绝修改的，扣缴义务人应当向主管税务机关报告，税务机关应当及时处理。

除纳税人另有要求外，扣缴义务人应当于年度终了后两个月内，向纳税人提供已办理的专项附加扣除项目及金额等信息。

第二十六条　税务机关定期对纳税人提供的专项附加扣除信息开展抽查。

第二十七条　税务机关核查时，纳税人无法提供留存备查资料，或者留存备查资料不能支持相关情况的，税务机关可以要求纳税人提供其他佐证；不能提供其他佐证材料，或者佐证材料仍不足以支持的，不得享受相关专项附加扣除。

第二十八条　税务机关核查专项附加扣除情况时，可以提请有关单位和个人协助核查，相关单位和个人应当协助。

第二十九条　纳税人有下列情形之一的，主管税务机关应当责令其改正；情形严重的，应当纳入有关信用信息系统，并按照国家有关规定实施联合惩戒；涉及违反税收征管法等法律法规的，税务机关依法进行处理：

（一）报送虚假专项附加扣除信息；

（二）重复享受专项附加扣除；

（三）超范围或标准享受专项附加扣除；

（四）拒不提供留存备查资料；

（五）税务总局规定的其他情形。

纳税人在任职、受雇单位报送虚假扣除信息的，税务机关责令改正的同时，通知扣缴义务人。

第三十条　本办法自2019年1月1日起施行。

附录 H 国家税务总局关于个人所得税自行纳税申报有关问题的公告

国家税务总局公告 2018 年第 62 号

根据新修改的《中华人民共和国个人所得税法》及其实施条例，现就个人所得税自行纳税申报有关问题公告如下：

一、取得综合所得需要办理汇算清缴的纳税申报

取得综合所得且符合下列情形之一的纳税人，应当依法办理汇算清缴：

（一）从两处以上取得综合所得，且综合所得年收入额减除专项扣除后的余额超过 6 万元；

（二）取得劳务报酬所得、稿酬所得、特许权使用费所得中一项或者多项所得，且综合所得年收入额减除专项扣除的余额超过 6 万元；

（三）纳税年度内预缴税额低于应纳税额；

（四）纳税人申请退税。

需要办理汇算清缴的纳税人，应当在取得所得的次年 3 月 1 日至 6 月 30 日内，向任职、受雇单位所在地主管税务机关办理纳税申报，并报送《个人所得税年度自行纳税申报表》。纳税人有两处以上任职、受雇单位的，选择向其中一处任职、受雇单位所在地主管税务机关办理纳税申报；纳税人没有任职、受雇单位的，向户籍所在地或经常居住地主管税务机关办理纳税申报。

纳税人办理综合所得汇算清缴，应当准备与收入、专项扣除、专项附加扣除、依法确定的其他扣除、捐赠、享受税收优惠等相关的资料，并按规定留存备查或报送。

纳税人取得综合所得办理汇算清缴的具体办法，另行公告。

二、取得经营所得的纳税申报

个体工商户业主、个人独资企业投资者、合伙企业个人合伙人、承包承租经营者个人以及其他从事生产、经营活动的个人取得经营所得，包括以下情形：

（一）个体工商户从事生产、经营活动取得的所得，个人独资企业投资人、合伙企业的个人合伙人来源于境内注册的个人独资企业、合伙企业生产、经营的所得；

（二）个人依法从事办学、医疗、咨询以及其他有偿服务活动取得的所得；

（三）个人对企业、事业单位承包经营、承租经营以及转包、转租取得的所得；

（四）个人从事其他生产、经营活动取得的所得。

纳税人取得经营所得，按年计算个人所得税，由纳税人在月度或季度终了后15日内，向经营管理所在地主管税务机关办理预缴纳税申报，并报送《个人所得税经营所得纳税申报表（A表）》。在取得所得的次年3月31日前，向经营管理所在地主管税务机关办理汇算清缴，并报送《个人所得税经营所得纳税申报表（B表）》；从两处以上取得经营所得的，选择向其中一处经营管理所在地主管税务机关办理年度汇总申报，并报送《个人所得税经营所得纳税申报表（C表）》。

三、取得应税所得，扣缴义务人未扣缴税款的纳税申报

纳税人取得应税所得，扣缴义务人未扣缴税款的，应当区别以下情形办理纳税申报：

（一）居民个人取得综合所得的，按照本公告第一条办理。

（二）非居民个人取得工资、薪金所得，劳务报酬所得，稿酬所得，特许权使用费所得的,应当在取得所得的次年 6 月 30 日前,向扣缴义务人所在地主管税务机关办理纳税申报,并报送《个人所得税自行纳税申报表(A 表)》。有两个以上扣缴义务人均未扣缴税款的,选择向其中一处扣缴义务人所在地主管税务机关办理纳税申报。

非居民个人在次年 6 月 30 日前离境(临时离境除外)的,应当在离境前办理纳税申报。

(三)纳税人取得利息、股息、红利所得,财产租赁所得,财产转让所得和偶然所得的,应当在取得所得的次年 6 月 30 日前,按相关规定向主管税务机关办理纳税申报,并报送《个人所得税自行纳税申报表(A 表)》。

税务机关通知限期缴纳的,纳税人应当按照期限缴纳税款。

四、取得境外所得的纳税申报

居民个人从中国境外取得所得的,应当在取得所得的次年 3 月 1 日至 6 月 30 日内,向中国境内任职、受雇单位所在地主管税务机关办理纳税申报;在中国境内没有任职、受雇单位的,向户籍所在地或中国境内经常居住地主管税务机关办理纳税申报;户籍所在地与中国境内经常居住地不一致的,选择其中一地主管税务机关办理纳税申报;在中国境内没有户籍的,向中国境内经常居住地主管税务机关办理纳税申报。

纳税人取得境外所得办理纳税申报的具体规定,另行公告。

五、因移居境外注销中国户籍的纳税申报

纳税人因移居境外注销中国户籍的,应当在申请注销中国户籍前,向户籍所在地主管税务机关办理纳税申报,进行税款清算。

(一)纳税人在注销户籍年度取得综合所得的,应当在注销户籍前,办理当年综合所得的汇算清缴,并报送《个人所得税年度自行纳税申报表》。尚未办理上一年度综合所得汇算清缴的,应当在办理注销户籍纳税

申报时一并办理。

（二）纳税人在注销户籍年度取得经营所得的，应当在注销户籍前，办理当年经营所得的汇算清缴，并报送《个人所得税经营所得纳税申报表（B表）》。从两处以上取得经营所得的，还应当一并报送《个人所得税经营所得纳税申报表（C表）》。尚未办理上一年度经营所得汇算清缴的，应当在办理注销户籍纳税申报时一并办理。

（三）纳税人在注销户籍当年取得利息、股息、红利所得，财产租赁所得，财产转让所得和偶然所得的，应当在注销户籍前，申报当年上述所得的完税情况，并报送《个人所得税自行纳税申报表（A表）》。

（四）纳税人有未缴或者少缴税款的，应当在注销户籍前，结清欠缴或未缴的税款。纳税人存在分期缴税且未缴纳完毕的，应当在注销户籍前，结清尚未缴纳的税款。

（五）纳税人办理注销户籍纳税申报时，需要办理专项附加扣除、依法确定的其他扣除的，应当向税务机关报送《个人所得税专项附加扣除信息表》《商业健康保险税前扣除情况明细表》《个人税收递延型商业养老保险税前扣除情况明细表》等。

六、非居民个人在中国境内从两处以上取得工资、薪金所得的纳税申报

非居民个人在中国境内从两处以上取得工资、薪金所得的，应当在取得所得的次月15日内，向其中一处任职、受雇单位所在地主管税务机关办理纳税申报，并报送《个人所得税自行纳税申报表（A表）》。

七、纳税申报方式

纳税人可以采用远程办税端、邮寄等方式申报，也可以直接到主管税务机关申报。

八、其他有关问题

（一）纳税人办理自行纳税申报时，应当一并报送税务机关要求报送的其他有关资料。首次申报或者个人基础信息发生变化的，还应报送《个人所得税基础信息表（B表）》。

本公告涉及的有关表证单书，由国家税务总局统一制定式样，另行公告。

（二）纳税人在办理纳税申报时需要享受税收协定待遇的，按照享受税收协定待遇有关办法办理。

九、施行时间

本公告自 2019 年 1 月 1 日起施行。

特此公告。

国家税务总局

2018 年 12 月 21 日

附录Ⅰ 财政部 税务总局关于个人所得税法修改后有关优惠政策衔接问题的通知

财税〔2018〕164号

各省、自治区、直辖市、计划单列市财政厅（局），国家税务总局各省、自治区、直辖市、计划单列市税务局，新疆生产建设兵团财政局：

为贯彻落实修改后的《中华人民共和国个人所得税法》，现将个人所得税优惠政策衔接有关事项通知如下：

一、关于全年一次性奖金、中央企业负责人年度绩效薪金延期兑现收入和任期奖励的政策

（一）居民个人取得全年一次性奖金，符合《国家税务总局关于调整个人取得全年一次性奖金等计算征收个人所得税方法问题的通知》（国税发〔2005〕9号）规定的，在2021年12月31日前，不并入当年综合所得，以全年一次性奖金收入除以12个月得到的数额，按照本通知所附按月换算后的综合所得税率表（以下简称月度税率表），确定适用税率和速算扣除数，单独计算纳税。计算公式为：

应纳税额 = 全年一次性奖金收入 × 适用税率 - 速算扣除数

居民个人取得全年一次性奖金，也可以选择并入当年综合所得计算纳税。

自2022年1月1日起，居民个人取得全年一次性奖金，应并入当年综合所得计算缴纳个人所得税。

（二）中央企业负责人取得年度绩效薪金延期兑现收入和任期奖励，符合《国家税务总局关于中央企业负责人年度绩效薪金延期兑现收入和任期奖励征收个人所得税问题的通知》（国税发〔2007〕118号）规定

的，在 2021 年 12 月 31 日前，参照本通知第一条第（一）项执行；2022 年 1 月 1 日之后的政策另行明确。

二、关于上市公司股权激励的政策

（一）居民个人取得股票期权、股票增值权、限制性股票、股权奖励等股权激励（以下简称股权激励），符合《财政部 国家税务总局关于个人股票期权所得征收个人所得税问题的通知》（财税〔2005〕35 号）、《财政部 国家税务总局关于股票增值权所得和限制性股票所得征收个人所得税有关问题的通知》（财税〔2009〕5 号）、《财政部 国家税务总局关于将国家自主创新示范区有关税收试点政策推广到全国范围实施的通知》（财税〔2015〕116 号）第四条、《财政部 国家税务总局关于完善股权激励和技术入股有关所得税政策的通知》（财税〔2016〕101 号）第四条第（一）项规定的相关条件的，在 2021 年 12 月 31 日前，不并入当年综合所得，全额单独适用综合所得税率表，计算纳税。计算公式为：

$$应纳税额 = 股权激励收入 \times 适用税率 - 速算扣除数$$

（二）居民个人一个纳税年度内取得两次以上（含两次）股权激励的，应合并按本通知第二条第（一）项规定计算纳税。

（三）2022 年 1 月 1 日之后的股权激励政策另行明确。

三、关于保险营销员、证券经纪人佣金收入的政策

保险营销员、证券经纪人取得的佣金收入，属于劳务报酬所得，以不含增值税的收入减除 20% 的费用后的余额为收入额，收入额减去展业成本以及附加税费后，并入当年综合所得，计算缴纳个人所得税。保险营销员、证券经纪人展业成本按照收入额的 25% 计算。

扣缴义务人向保险营销员、证券经纪人支付佣金收入时，应按照《个人所得税扣缴申报管理办法（试行）》（国家税务总局公告 2018 年第

61号)规定的累计预扣法计算预扣税款。

四、关于个人领取企业年金、职业年金的政策

个人达到国家规定的退休年龄,领取的企业年金、职业年金,符合《财政部 人力资源社会保障部国家税务总局关于企业年金职业年金个人所得税有关问题的通知》(财税〔2013〕103号)规定的,不并入综合所得,全额单独计算应纳税款。其中按月领取的,适用月度税率表计算纳税;按季领取的,平均分摊计入各月,按每月领取额适用月度税率表计算纳税;按年领取的,适用综合所得税率表计算纳税。

个人因出境定居而一次性领取的年金个人账户资金,或个人死亡后,其指定的受益人或法定继承人一次性领取的年金个人账户余额,适用综合所得税率表计算纳税。对个人除上述特殊原因外一次性领取年金个人账户资金或余额的,适用月度税率表计算纳税。

五、关于解除劳动关系、提前退休、内部退养的一次性补偿收入的政策

(一)个人与用人单位解除劳动关系取得一次性补偿收入(包括用人单位发放的经济补偿金、生活补助费和其他补助费),在当地上年职工平均工资3倍数额以内的部分,免征个人所得税;超过3倍数额的部分,不并入当年综合所得,单独适用综合所得税率表,计算纳税。

(二)个人办理提前退休手续而取得的一次性补贴收入,应按照办理提前退休手续至法定离退休年龄之间实际年度数平均分摊,确定适用税率和速算扣除数,单独适用综合所得税率表,计算纳税。计算公式:

应纳税额={〔(一次性补贴收入÷办理提前退休手续至法定退休年龄的实际年度数)-费用扣除标准〕×适用税率-速算扣除数}×办理提前退休手续至法定退休年龄的实际年度数

（三）个人办理内部退养手续而取得的一次性补贴收入，按照《国家税务总局关于个人所得税有关政策问题的通知》（国税发〔1999〕58号）规定计算纳税。

六、关于单位低价向职工售房的政策

单位按低于购置或建造成本价格出售住房给职工，职工因此而少支出的差价部分，符合《财政部 国家税务总局关于单位低价向职工售房有关个人所得税问题的通知》（财税〔2007〕13号）第二条规定的，不并入当年综合所得，以差价收入除以12个月得到的数额，按照月度税率表确定适用税率和速算扣除数，单独计算纳税。计算公式为：

应纳税额＝职工实际支付的购房价款低于该房屋的购置或建造成本价格的差额×适用税率－速算扣除数

七、关于外籍个人有关津补贴的政策

（一）2019年1月1日至2021年12月31日期间，外籍个人符合居民个人条件的，可以选择享受个人所得税专项附加扣除，也可以选择按照《财政部 国家税务总局关于个人所得税若干政策问题的通知》（财税〔1994〕20号）、《国家税务总局关于外籍个人取得有关补贴征免个人所得税执行问题的通知》（国税发〔1997〕54号）和《财政部 国家税务总局关于外籍个人取得港澳地区住房等补贴征免个人所得税的通知》（财税〔2004〕29号）规定，享受住房补贴、语言训练费、子女教育费等津补贴免税优惠政策，但不得同时享受。外籍个人一经选择，在一个纳税年度内不得变更。

（二）自2022年1月1日起，外籍个人不再享受住房补贴、语言训练费、子女教育费津补贴免税优惠政策，应按规定享受专项附加扣除。

八、除上述衔接事项外，其他个人所得税优惠政策继续按照原文件规定执行。

九、本通知自 2019 年 1 月 1 日起执行。下列文件或文件条款同时废止：

（一）《财政部 国家税务总局关于个人与用人单位解除劳动关系取得的一次性补偿收入征免个人所得税问题的通知》（财税〔2001〕157 号）第一条；

（二）《财政部 国家税务总局关于个人股票期权所得征收个人所得税问题的通知》（财税〔2005〕35 号）第四条第（一）项；

（三）《财政部 国家税务总局关于单位低价向职工售房有关个人所得税问题的通知》（财税〔2007〕13 号）第三条；

（四）《财政部 人力资源社会保障部国家税务总局关于企业年金职业年金个人所得税有关问题的通知》（财税〔2013〕103 号）第三条第 1 项和第 3 项；

（五）《国家税务总局关于个人认购股票等有价证券而从雇主取得折扣或补贴收入有关征收个人所得税问题的通知》（国税发〔1998〕9 号）；

（六）《国家税务总局关于保险企业营销员（非雇员）取得的收入计征个人所得税问题的通知》（国税发〔1998〕13 号）；

（七）《国家税务总局关于个人因解除劳动合同取得经济补偿金征收个人所得税问题的通知》（国税发〔1999〕178 号）；

（八）《国家税务总局关于国有企业职工因解除劳动合同取得一次性补偿收入征免个人所得税问题的通知》（国税发〔2000〕77 号）；

（九）《国家税务总局关于调整个人取得全年一次性奖金等计算征收个人所得税方法问题的通知》（国税发〔2005〕9 号）第二条；

（十）《国家税务总局关于保险营销员取得佣金收入征免个人所得税问题的通知》（国税函〔2006〕454 号）；

（十一）《国家税务总局关于个人股票期权所得缴纳个人所得税有关问题的补充通知》（国税函〔2006〕902号）第七条、第八条；

（十二）《国家税务总局关于中央企业负责人年度绩效薪金延期兑现收入和任期奖励征收个人所得税问题的通知》（国税发〔2007〕118号）第一条；

（十三）《国家税务总局关于个人提前退休取得补贴收入个人所得税问题的公告》（国家税务总局公告2011年第6号）第二条；

（十四）《国家税务总局关于证券经纪人佣金收入征收个人所得税问题的公告》（国家税务总局公告2012年第45号）。

附件：按月换算后的综合所得税率表（略）

财政部 税务总局

2018年12月27日